Biblioteca de Derecho Civil

Filippo Viglione
(Director)

Carlos Antonio Agurto Gonzáles
Sonia Lidia Quequejana Mamani
Benigno Choque Cuenca
(Coordinadores Generales)

RAISA JÁLFINA

EL DERECHO DE PROPIEDAD PERSONAL EN LA URSS

Ediciones Olejnik

Título: El derecho de propiedad personal en la URSS

© Raisa Jálfina

Traducción de Jorge Bayona

© Ediciones Olejnik
Huérfanos 611, Santiago - Chile
E-mail: contacto@edicionesolejnik.com
Web site: http://www.edicionesolejnik.com

Primera edición en Ediciones Olejnik: 2022

ISBN: 978-956-407-206-7

Diseño de Carátula: Ena Zuñiga
Diagramación: Luis A. Sierra Cárdenas

Impreso en Argentina 2022 Printed in Argentina

ÍNDICE

PREFACIO 11

CAPÍTULO I
CONCEPTO DEL DERECHO DE PROPIEDAD PERSONAL
.... 13

CAPÍTULO II
SUJETOS DE DERECHO DE PROPIEDAD PERSONAL
.... 33

CAPÍTULO III
EJERCICIO CONJUNTO DEL DERECHO DE PROPIEDAD PERSONAL

1. Propiedad común copartita 41
2. Propiedad conjunta común de los esposos 47
3. Propiedad conjunta común de los miembros del hogar koljosiano ... 55

CAPÍTULO IV
OBJETOS DE DERECHO DE PROPIEDAD PERSONAL

1. Clasificación de las cosas como objetos de derecho de propiedad personal 62
3. Casa de habitación y economía auxiliar domestica 74
4. Utensilios domésticos, objetos de uso. Objetos de consumo y de comodidad personales 83

CAPÍTULO V
CONTENIDO DEL DERECHO DE PROPIEDAD PERSONAL

1. Posesión 88
2. Uso 92
3. Disposición 98

CAPÍTULO VI
PROTECCIÓN DEL DERECHO DE PROPIEDAD PERSONAL

1. Modos de protección del derecho de propiedad personal 113

2. Modo «real-jurídico» de protección de la propiedad personal 121
3. El derecho de las obligaciones protege la propiedad personal 127

CAPÍTULO VII
SUCESIÓN DE LA PROPIEDAD PERSONAL

1. Conceptos básicos del derecho soviético de sucesión 133
2. La sucesión por ley 136
3. La sucesión por testamento 143
4. Orden de paso de los bienes por sucesión 151

EL PAÍS DE LOS SOVIETS

PREFACIO

En el presente libro esclarecemos, en sus rasgos más generales, las disposiciones básicas sobre el derecho de propiedad personal en la URSS y sobre la sucesión de dicha propiedad.

En Francia, Japón y otros países, el derecho de propiedad es un instituto único. En él no se diferencian ni se delimitan formas separadas de propiedad según sus funciones económicas, destinación social, pertenencia de grupo o individual.

En la Unión Soviética se diferencia la propiedad socialista sobre los medios de producción, que es la base económica de la sociedad soviética, de la propiedad individual, personal, indisolublemente ligada con la primera, que sirve para satisfacer las necesidades materiales y culturales de los ciudadanos.

Esta diferencia condicionada por los rasgos fundamentales del sistema económico y político de la URSS, como Estado de una sociedad socialista desarrollada, se sanciona en el derecho y en la regulación de las relaciones de propiedad.

Para descubrir las particularidades del derecho de propiedad personal, su contenido y destinación, su lugar en la vida de la sociedad, es necesario examinar, aunque sea someramente el derecho de propiedad personal en el sistema general del derecho de propiedad en la sociedad socialista. Por esa razón, en el comienzo del libro, antes de pasar a caracterizar en detalle el derecho de propiedad personal, nos detenemos, por cierto muy poco, sobre la caracterización general de las relaciones de propiedad.

El derecho de propiedad personal esta ligado de manera indisoluble con todos los otros medios de que se vale la sociedad socialista para satisfacer las necesidades de los ciudadanos. Por eso el examen de las cuestiones principales del derecho de propiedad personal requiere también el esclarecimiento de aquellas formas, métodos y recursos jurídicos, tan ricos y variados, gracias a los cuales los ciudadanos de la sociedad socialista satisfacen sus necesidades, disponiendo de bienes sociales tan importantes como la seguridad en el día de mañana, la estabilidad social, el vínculo indestructible de los intereses del individuo y la sociedad.

El derecho de propiedad personal es solo uno de los institutos jurídicos que expresan el vínculo de la sociedad y el hombre. Ellos están destinados a revelar y desarrollar de manera múltiple la personalidad de cada uno.

Las leyes soviéticas protegen el derecho de propiedad personal y su heredamiento como uno de los derechos de propiedad más importantes de los ciudadanos, consagrados por la Constitución de la URSS. La ley concede y garantiza a los ciudadanos toda la plenitud de los derechos de propietario para que pueda disponer de los bienes que le pertenecen: para satisfacer las necesidades materiales y espirituales de los hombres en conformidad con sus capacidades individuales, con sus intereses, hábitos e inclinaciones.

Con este fin se emplean distintos institutos y formas jurídicos, que han cristalizado en los varios estadios del desarrollo de la cultura y en las distintas etapas de la sociedad socialista. Al regular las relaciones de la propiedad personal, el Estado procura garantizar que estas correspondan a la función de la propiedad personal en la sociedad socialista.

En el libro que ofrecemos al juicio de los lectores, nos propusimos la tarea de mostrar la esencia social y la formalización jurídica de las relaciones de la propiedad personal en la Unión Soviética; divulgar el derecho de propiedad personal como uno de los derechos subjetivos de los ciudadanos de la sociedad socialista.

Raisa Jálfina

CAPÍTULO I

CONCEPTO DEL DERECHO DE PROPIEDAD PERSONAL

El derecho de propiedad personal es uno de los derechos de propiedad fundamentales del ciudadano soviético, consagrado en el artículo 10 de la Constitución de la URSS, que dice: «La ley protege el derecho de los ciudadanos a la propiedad personal de los ingresos y ahorros procedentes de su trabajo, la vivienda y la hacienda doméstica auxiliar, los objetos de uso doméstico, de consumo y de comodidad personal, así como el derecho de herencia de la propiedad personal de los ciudadanos».

El XXIV Congreso del PCUS prestó especial atención al fin supremo de la política económica del partido: el mejoramiento del bienestar del pueblo soviético. El alza considerable del nivel de vida de los trabajadores fue planteada como tarea fundamental del noveno plan quinquenal.

El plan quinquenal de 1971-1975 de fomento de la economía nacional de la URSS, que cumple con todo éxito el pueblo soviético, contempla un amplio programa de medidas sociales con vistas a elevar el nivel material y cultural de todas las capas de la población, a acercar los niveles de vida de la ciudad y el campo, a crear condiciones más favorables para el trabajo y el descanso, para el desarrollo universal de las capacidades y la actividad creadora de los soviéticos, para educar a la generación adolescente.

Los ingresos reales de la población aumentan en el noveno quinquenio principalmente a costa del crecimiento del pago según el trabajo: salario de obreros y empleados, ingresos de los koljosianos, provenientes de la economía social. Aumentan considerablemente los fondos sociales de consumo, empleados para mejorar la situación material de familias de prole numerosa, de las mujeres que trabajan en la producción, para mejorar la sanidad pública, la instrucción, la educación de la generación adolescente, para elevar las pensiones, así como los estipendios que reciben los estudiantes.

El noveno plan quinquenal prevé un aumento considerable de la producción industrial y de mercancías para la población, la mejora de su calidad y surtido.

Se concede gran atención al ensanche de la esfera de los servicios: ampliación y perfeccionamiento de las formas de comercio al por menor, alimentación pública, talleres de servicios a la población, transporte y turismo.

El fomento de la construcción de viviendas y de edificios e instalaciones para fines culturales y de servicios de la población es una de las medidas más importantes que contempla el plan, especialmente en las regiones apartadas del país. Entre tales medidas figura la creación de condiciones para el descanso y la educación física de los trabajadores, el mejoramiento del estado sanitario de las ciudades y los barrios obreros y una más eficaz protección de la naturaleza.

Los índices de realización del noveno plan quinquenal atestiguan el realismo y la efectividad de este grandioso programa. El trabajo pacífico de los soviéticos transforma el país, garantiza las posibilidades de desarrollar plena y armónicamente la personalidad de cada ciudadano, de revelar sus capacidades, talento y actividad creadora.

El derecho de propiedad personal del ciudadano soviético es su derecho de poseer, utilizar y disponer de los bienes otorgados a él a título de la distribución del producto social (principalmente en calidad de distribución según el trabajo) para satisfacer sus necesidades materiales y culturales.

Así pues, el derecho de propiedad personal surge como resultado de la distribución organizada por la sociedad de los artículos de la producción social y encarna una de las formas de la satisfacción de las necesidades individuales.

¿Cuál es el lugar que ocupa el derecho de propiedad personal en el sistema general de satisfacción de las necesidades de los ciudadanos soviéticos? ¿Cuál es su papel social?

Para responder a estas preguntas es necesario establecer primero cuál es el lugar que ocupa la propiedad personal en el sistema de las relaciones de propiedad, cómo se correlaciona la propiedad personal con la propiedad socialista, cómo se satisfacen las necesidades de los ciudadanos y qué papel desempeñan aquí las relaciones de propiedad personal.

En la URSS, como se sabe, los medios de producción son propiedad social. La propiedad estatal, de todo el pueblo es el tipo rector, fundamental, de la propiedad social socialista. Son propiedad del Estado la tierra y el subsuelo, las aguas, los bosques, las fábricas, las minas y los yacimientos, las centrales eléctricas, los ferrocarriles, el transporte automovilístico, acuático, aéreo y por tuberías, los bancos, los medios de comunicación, las empresas municipales, comerciales, agrícolas y otras, así como también el fondo principal de las casas de vivienda en las ciudades y en los poblados de tipo urbano.

La propiedad estatal socialista es propiedad de todo el pueblo, ella constituye un fondo único del cual dispone el Estado de todo el pueblo, poniendo en ejecución las grandes metas de progreso y desarrollo pacífico;

La otra forma de propiedad socialista es la propiedad de los koljoses, de otras organizaciones cooperativas y de sus asociaciones. A ellas pertenecen: empresas, instituciones culturales y de servicios, edificios e instalaciones. También son propiedad de los koljoses los tractores, las combinadas y otras máquinas, el ganado de labor y productivo y los medios de transporte; las casas de vivienda y las casas de campo son propiedad de las cooperativas de construcción; las embarcaciones pesqueras, incluso las empresas de primera elaboración, equipadas con maquinaria de primera clase, etc., son propiedad de las cooperativas pesqueras. En las regiones agrícolas está ampliamente desarrollada la cooperación de consumo, a la cual pertenecen almacenes, depósitos y el más variado surtido de mercancías.

El desarrollo de las dos formas de la propiedad socialista —estatal y koljosiano-cooperativa— marcha hacia su aproximación gradual. Como resultado de esto, en resumidas cuentas, será creada la propiedad comunista única. La formación de empresas y organizaciones estatal-cooperativas es una de las manifestaciones de dicho proceso. Por ejemplo, las llamadas asociaciones agrario-industriales, en las cuales se unifican los medios de dos o más koljoses, las empresas estatales agrícolas (sovjoses) y otras empresas. Tales asociaciones forman poderosas economías, que combinan la producción de artículos agrícolas con su elaboración y entrega al consumidor.

En la propiedad socialista se incluye también la propiedad de las organizaciones sociales: de los sindicatos, sociedades deportivas, asociaciones artísticas y sociedades de voluntarios, a los cuales pertenecen empresas, edificios, instalaciones, sanatorios, casas de descanso, palacios de cultura, clubes y estadios. Son tareas de estas organizaciones el arbitrio de medios para desarrollar la literatura y el arte, la educación estética, para el descanso, protección de la salud y la capacidad laboral de los trabajadores, para su distracción y aprovechamiento cultural del tiempo libre. Los bienes que poseen estas organizaciones constituyen la base material necesaria para cumplir estas importantes funciones.

De manera que todos los bienes que sirven para la producción social, para la organización de la esfera de los servicios, para satisfacer las necesidades materiales y culturales de la población forman la propiedad social socialista.

Un ciudadano de la URSS no puede ser propietario de una fábrica, de un ferrocarril, de un almacén, de un restaurante, de un taller o de una sala de cine, porque todos estos bienes tienen carácter social.

Con la propiedad social de los medios de producción está indisolublemente ligada la propiedad social de los productos de la producción, incluso de los artículos de consumo.

Los productos creados por la producción socialista los distribuye la sociedad en forma organizada.

Una parte de estos productos se emplea para reponer los medios de producción consumidos, para ampliar la producción y para crear un fondo de seguro y reserva.

Una determinada parte, cuyo peso relativo disminuye gradualmente a medida del desarrollo de la sociedad, se destina para los gastos de la administración.

En la etapa actual es necesario emplear una determinada parte de la producción para garantizar la defensa del país y el trabajo pacifico de los ciudadanos, a pesar de que el Estado soviético a lo largo de toda su historia viene luchando en forma consecuente por garantizar la coexistencia pacífica de los Estados de distinto régimen económico y político, por la paz y la amistad entre los pueblos, por la reducción de los gastos que la sociedad se ve obligada a hacer para garantizar la paz y la seguridad.

Cierta parte de la producción se emplea para la satisfacción colectiva de algunas necesidades: para organizar la sanidad pública, la educación y la protección de la naturaleza.

Los fondos sociales de consumo ocupan un lugar considerable en la distribución de los productos de la producción —de la renta nacional—: estipendios para los estudiantes, pensiones de vejez, protección de la maternidad y ayuda a la educación de los hijos, economía municipal y de viviendas, urbanismo de las ciudades y las aldeas, etc.

Con el hecho de satisfacer la sociedad soviética las necesidades materiales y culturales de los ciudadanos se ha estimulado la aparición de una nueva categoría de derechos, que bien pueden llamarse derechos sociales. Estos derechos están consagrados en la Constitución de la URSS, así como también en las constituciones de las repúblicas federadas e *in extenso* en la legislación, basada en las disposiciones de la Constitución.

El examen de los derechos sociales básicos de los ciudadanos soviéticos ayuda a entender el lugar que ocupa el derecho de propiedad personal en el sistema general de derechos de los ciudadanos, relacionados con la satisfacción de sus necesidades; ayuda a revelar las particularidades específicas del derecho de propiedad personal como un instituto del derecho socialista, a comprender su esencia y contenido, a fijar el lugar de la propiedad personal en el sistema general de que dispone la sociedad para satisfacer las demandas materiales y espirituales del individuo.

En los derechos sociales de los ciudadanos soviéticos se incluyen:

- el derecho al trabajo;
- el derecho a la instrucción;
- el derecho al servicio médico y al cuidado de la salud;
- el derecho a recibir ayuda para educar a los hijos;
- el derecho al descanso;

— el derecho a la asistencia económica en la vejez o en caso de incapacidad de trabajo;

— el derecho a tener una vivienda y otros.

El derecho al trabajo, como derecho subjetivo de cada ciudadano soviético, consagrado en la Constitución de la URSS (Art. 118), es una gran conquista de la sociedad socialista. El trabajo libre, dedicado al bien de la sociedad, en el cual pueden revelarse todas las capacidades y posibilidades creadoras del hombre, es un bien social que soñaron las mejores inteligencias de la humanidad. Todo el régimen de la sociedad socialista protege este derecho, lo garantiza el sistema socialista de producción, se asegura con una serie de garantías jurídicas en las normas del derecho laboral y en otras ramas del derecho. La realización del derecho al trabajo y a recibir una remuneración según el trabajo es la fuente principal del surgimiento de la propiedad personal de los ciudadanos soviéticos.

El derecho a la instrucción es también un logro maravilloso del régimen soviético. Este derecho, consagrado en la Constitución de la URSS (Art. 121), se asegura por medio de una serie de garantías económicas y jurídicas.

Importa recordar que en este campo el Estado soviético recibió una pesada herencia del zarismo. En el país había millones de analfabetos, especialmente entre las minorías nacionales y las mujeres.

Los planteles de enseñanza media y superior eran más que insuficientes. El precio de la educación en ellos era muy elevado. Por eso la enseñanza secundaria, especialmente la superior, solo podía pagarla un reducido grupo de gentes que pertenecían a las clases privilegiadas. En el año escolar de 1914-1915, en Rusia, en todos los establecimientos de enseñanza superior estudiaron apenas 127.000 estudiantes.

El analfabetismo fue liquidado en la URSS en un plazo muy breve. Se introdujo la enseñanza obligatoria de ocho años y el paso gradual a la escuela de diez años. La educación media especial y superior obtuvo un amplio desarrollo. En el año escolar de 1971-1972, en los establecimientos de enseñanza especial media cursaron estudios 4.258.000 estudiantes, y en los planteles de enseñanza superior el número de estudiantes fue de 4.599.000. Por el número de especialistas con educación superior, la URSS ocupa uno de los primeros puestos del mundo. La educación en la Unión Soviética —primaria, secundaria y superior— es gratuita. Los estudiantes reciben estipendios del Estado y los que vienen a estudiar de otras ciudades y aldeas reciben habitación gratuita.

La gratuidad de la instrucción, el sistema de estipendios estatales, la dotación de vivienda y otros géneros de ayuda que el Estado presta a los estudiantes, hacen que la enseñanza media especial y superior sea accesible para todas las capas de la población.

En un país multinacional como la URSS tiene gran importancia para el desarrollo de la educación que la enseñanza se imparta en las lenguas nacionales en las escuelas y en otros planteles, así como la edición de los textos de estudio y de la literatura en todos los idiomas de los pueblos de la Unión Soviética.

El derecho a la instrucción, como derecho subjetivo de cada ciudadano, se sanciona en las normas del derecho soviético que regulan el sistema de enseñanza, el reglamento de admisión en los establecimientos docentes, las disposiciones para pagar los estipendios, garantizar la habitación, etc.

En los Fundamentos de la legislación de la URSS y de las repúblicas federadas sobre la instrucción pública, ratificados por la Ley de la Unión de Repúblicas Socialistas Soviéticas, aprobada el 19 de julio de 1973, se contienen las disposiciones fundamentales más importantes, dirigidas a garantizar la observación y resguardo rigurosos del derecho a la instrucción. El obtener educación media especial y superior depende en absoluto de las capacidades y laboriosidad de cada uno. Así, el Reglamento de admisión en los establecimientos docentes superiores dispone que allí se admite a los ciudadanos de ambos sexos que hayan terminado los estudios secundarios y que salgan airosos de los exámenes de admisión, mediante una selección competitiva de los estudiantes más meritorios, preparados y capaces. Las personas que tienen antigüedad de trabajo práctico, después de haber terminado los estudios secundarios, y los desmovilizados del ejército, una vez cumplido el servicio militar, gozan de preferencia para ingresar a los planteles docentes superiores.

El derecho a la educación se plasma también por medio de la creación de una amplia red de enseñanza por correspondencia, lo mismo que en los establecimientos docentes donde el estudiante puede elevar su calificación, recibir educación secundaria, secundaria especial o superior, sin dejar de trabajar.

La red de estos establecimientos docentes incluye las escuelas de la juventud obrera, en las cuales reciben educación general los jóvenes que trabajan en la producción, las secciones de estudio por correspondencia y las facultades nocturnas de los Centros docentes superiores y de las escuelas de peritaje, así como todo género de cursos especiales.

Para garantizar la posibilidad de compaginar el trabajo con el estudio en los mencionados establecimientos docentes la ley obliga a la administración de las empresas e instituciones, en las cuales trabajan estudiantes, a organizar los turnos de modo que dichas personas puedan concurrir a las clases. Tales estudiantes gozan de vacaciones complementarias para preparar y presentar exámenes, escribir memorias y realizar otros trabajos relacionados con los estudios.

El derecho a la instrucción es protegido por la ley. En caso de serle denegado a un ciudadano este puede dirigirse al órgano administrativo correspondiente, al Soviet local o a la Procuraduría, que está llamada a garantizar el cumplimiento estricto de la ley.

Por ejemplo, si durante los trámites de admisión al plantel docente superior no fueron observados los reglamentos y al ciudadano, que presentó exámenes satisfactorios, en conformidad con las exigencias del concurso, se le negó la admisión, él puede quejarse de ese acto ilegal en los órganos administrativos correspondientes; si la queja es fundada se toman medidas para enmendar la infracción. Si se altera el orden de pago del estipendio, o si al trabajador de la empresa u organización, que estudia por correspondencia o en cursos nocturnos, no le conceden los privilegios de rigor, puede quejarse de la violación de la ley. En este caso los sindicatos o el órgano superior competente hacen cumplir la disposición legal.

Todo lo que hemos dicho confirma que el derecho a la educación es un derecho subjetivo, amparado por la legislación vigente. El ciudadano no aparece como «solicitante», no necesita de la «beneficencia»: actúa como portador de un derecho que le otorga el Estado. En caso de surgir obstáculos para el usufructo de tal derecho, los órganos administrativos competentes están obligados a eliminarlos. Importa subrayar, sin embargo, que esos obstáculos surgen muy rara vez, porque aquí, como en las demás esferas de actividad del Estado socialista, los intereses de la sociedad y del Estado coinciden con los del individuo. El Estado tiene interés en que las personas, que trabajan y desean instruirse o elevar su calificación, puedan hacerlo. Si surgen, en casos aislados, conflictos o incomprensiones se liquidan con la intervención de los órganos encargados de hacer cumplir la ley.

El derecho al servicio médico también se incluye en los derechos sociales. La solicitud por la salud de los ciudadanos, por la educación física de la joven generación, es uno de los aspectos más importantes de la actividad del Estado.

En este campo el Estado socialista recibió también una pesada herencia. En la Rusia prerrevolucionaria había muy pocos médicos y escaseaba mucho el personal de trabajadores de la rama de sanidad pública. Grandes regiones, particularmente los lugares apartados, carecían de servicio médico. Los elevados precios que cobraban los médicos particulares, los hospitales privados y otras instituciones curativas hacían que el servicio medico quedara al alcance solo de las capas privilegiadas de la población.

Desde los primeros años del Poder soviético se le concedió una enorme atención al desarrollo de una amplia red de instituciones médicas. Al principio, la asistencia médica era gratuita solo para los trabajadores y sus familias; posteriormente, después de la victoria plena del socialismo, su gratuidad se extendió a toda la población.

Cada ciudadano soviético tiene derecho al servicio médico gratuito, incluyendo los métodos más modernos, complejos y costosos de investigación y curación. Actualmente, en el país trabajan cerca de 400.000 médicos y 1.500.000 personas que forman el personal médico medio (practicantes, enfermeras y parteras). En todas las regiones del inmenso País de los Soviets, incluso en los lugares más apartados, han sido creados policlínicas, hospitales, dispensarios y otras instituciones médicas, equipados con modernos aparatos, instrumental y medicamentos.

En caso de necesidad se presta el servicio de curación a domicilio o se procede a la hospitalización. Todos los tipos de curación, de operaciones quirúrgicas, hasta las más complejas, son absolutamente gratuitas. En los hospitales también son gratuitos los medicamentos, la alimentación y todos los servicios necesarios.

En la actividad de los órganos de sanidad pública ocupa un lugar muy importante la organización y dirección del trabajo de los consultorios femeninos e infantiles y de casas de maternidad.

En la Rusia zarista, las mujeres, como regla, daban a luz sus hijos sin ayuda médica; la mortalidad de parturientas y de niños recién nacidos era muy elevada.

Actualmente, en todos los lugares habitados de la Unión Soviética, incluso los rincones más lejanos, existen casas de maternidad, equipadas según las últimas exigencias de la ciencia médica: aparatos, instrumental y medios de ayuda médica. Expertos médicos vigilan el curso del embarazo de cada mujer y vienen en su ayuda al presentarse el parto. Tanto en las ciudades como en las aldeas, las mujeres dan a luz solo en las casas de maternidad.

El cuidado médico empieza mucho antes del parto. Cada mujer embarazada figura en la lista del consultorio. Los médicos y las enfermeras vigilan el curso del embarazo para, en caso de necesidad, hospitalizar con anticipación a la mujer y tomar oportunamente medidas para proteger la salud de la madre y el niño. Después del parto, en la casa de maternidad la mujer recibe alimentación y cuidados especiales; allí le enseñan como cuidar al niño. Los recién nacidos se hallan bajo la tutela de especialistas, de ellos se ocupan los pediatras; en caso de necesidad se organizan concilios médicos.

Después de que la madre y el recién nacido salen de la casa de maternidad, el niño se registra en el consultorio infantil. Los especialistas cuidan del estado de la madre y el niño. Las enfermeras los visitan a domicilio, instruyen a la madre en los quehaceres de cuidar el niño. El consultorio controla que al niño se le hagan oportunamente todas las vacunas profilácticas necesarias, que el régimen higiénico se observe rigurosamente, etc.

Todos estos servicios, toda esta ayuda calificada a la madre y al niño se realiza de modo gratuito.

La profiláctica de las enfermedades ocupa un lugar muy destacado en la sanidad pública. En las casas-cuna, jardines de infancia y escuelas trabajan médicos de manera permanente. Ellos velan por la salud de los niños. Cuando detectan síntomas de alguna enfermedad, organizan consultas con especialistas, vigilancia sistemática y curación. Las policlínicas infantiles y los dispensarios especiales, así como otras organizaciones médicas, realizan sistemáticamente la profiláctica de enfermedades infecciosas de los niños:

vacunaciones, análisis e investigaciones. Para los niños físicamente débiles funcionan escuelas especiales, en las cuales el régimen de enseñanza se combina con la vigilancia médica y la curación. Hay escuelas especiales para niños con defectos físicos, en las cuales la enseñanza va pareja con el tratamiento médico.

Todas estas medidas para la profiláctica de las enfermedades, la curación y la corrección de los defectos físicos se realizan gratuitamente.

En las empresas, koljoses e instituciones y entre la población se lleva a cabo un eficaz trabajo profiláctico-curativo. La asistencia médica profiláctica está muy extendida, el ciudadano que la recibe se halla bajo la observación permanente de médicos especialistas. Se presta mucha atención a la profiláctica de las enfermedades de las personas de edad provecta.

Como resultado del colosal trabajo de los órganos de sanidad pública y del elevado nivel de vida de la población, en el país ha aumentado mucho el promedio de vida de los ciudadanos: actualmente es de 70 años, mientras que en la Rusia zarista no pasaba de 32.

Todo esto nos permite afirmar que la protección de la salud de los ciudadanos es uno de los aspectos primordiales de la actividad del Estado soviético. Al mismo tiempo, podemos decir que el derecho de los ciudadanos a la asistencia médica es un derecho subjetivo, consagrado en los Fundamentos de la legislación de la URSS y de las repúblicas federadas sobre la sanidad pública (1969) y en una serie de actos subordinados a la ley. El servicio y la asistencia médicos se prestan a menudo por iniciativa de las mismas instituciones de sanidad, sin necesidad de que los ciudadanos lo soliciten. Todos los exámenes e investigaciones posibles para los niños, jóvenes, adultos y personas de edad provecta; la revelación de las enfermedades, cuando se hallan todavía en forma latente, así como los distintos tratamientos profilácticos, constituyen la faena cotidiana de los órganos de sanidad pública.

Simultáneamente, es deber de los órganos de sanidad prestar asistencia médica en todos los casos en que el ciudadano la solicite. Toda persona tiene derecho a que se le preste, en caso de necesidad, asistencia médica de todos los tipos, incluso los más complejos, en forma gratuita. Este derecho de los ciudadanos es consagrado por la ley que regula la actividad de las instituciones médicas, el reglamento de su trabajo y todos los asuntos relacionados con la sanidad pública.

El derecho a recibir ayuda para educar a los hijos es también un nuevo derecho social. En la URSS, como se sabe, funciona una inmensa red de instituciones infantiles: casas-cuna y jardines de infancia. En algunas de ellas los niños se hallan solo durante el día, en otras permanecen el día y la noche. En estas instituciones los niños reciben una atención muy calificada, servicio médico y educación.

Al urbanizar los nuevos barrios de vivienda se construyen en ellos las instituciones infantiles de modo que puedan atender a todos los niños del microdistrito. Los edificios de las instituciones infantiles y de las escuelas deben tener las máximas comodidades y las mejores condiciones para el trabajo y son un elemento indispensable del complejo de edificios de vivienda. Para los jardines de infancia y casas-cuna se han establecido plantillas modelo de personal, argumentadas científicamente, reglamento de actividad y de admisión de los niños. Estos reciben allí alimentación, en conformidad con normas y una dieta científicamente elaboradas; son atendidos por personas con educación especial y calificación para esa labor; los niños son educados por especialistas y reciben también clases de música. Las secciones respectivas del Ministerio de Sanidad y del Ministerio de Instrucción Pública dirigen metódicamente las casas-cuna y los jardines de infancia. Instituciones científico-investigativas especiales elaboran los principios de educación de los niños y las medidas para su desarrollo físico. Todo esto se hace para que la joven generación disfrute de lo necesario para su desarrollo armónico físico e intelectual, para asegurarle una infancia feliz y alegre.

Los padres que colocan a sus hijos en las casas-cuna y los jardines de infancia pagan una suma mensual, cuyo monto establece la ley según el salario que reciban. Sin embargo, importa tener en cuenta que estos pagos cubren solo una mínima parte de los gastos de la alimentación y cuidado de los niños. Según cálculos de los economistas, las sumas que pagan los padres constituyen apenas una quinta parte de los gastos para cada niño en las mencionadas instituciones; las X! partes restantes las cubre el Estado con los fondos sociales. Muchos koljoses poseen casas-cuna y jardines de infancia, en los cuales el valor del sostenimiento de los niños corre íntegramente por cuenta del koljós; los padres, en este caso, no pagan nada.

En muchas ciudades, poblados y aldeas la totalidad de los niños disfruta de casas-cuna y jardines de infancia. Si en un distrito, en determinado momento, no hay plazas suficientes en las casas-cuna o en los jardines de infancia, la admisión de los niños se organiza por turno y se toman medidas extraordinarias para satisfacer la demanda creciente de plazas. El orden de distribución de las plazas en las instituciones infantiles garantiza a cada ciudadano la posibilidad de colocar a su niño en ellas.

Comprobamos, pues, que el derecho a recibir ayuda del Estado para cuidar y educar a los niños es un derecho subjetivo de cada ciudadano. Sobre los órganos estatales recae la obligación de garantizar la realización de este derecho.

El derecho a la asistencia económica en la vejez y en caso de enfermedad es uno de los derechos sociales más importantes de los ciudadanos soviéticos. Este derecho también se consagra en la Constitución de la URSS (Art. 120). Él está garantizado por un sistema de pensiones para todos los trabajadores, así como también por el seguro social. Se pagan pensiones a los obreros, empleados y koljosianos al cumplir los 60 años, los hombres, y 55, las mujeres. Esta es la edad límite. Para algunas categorías de trabajadores que realizan faenas pesadas, que exigen una gran tensión física, o labores en condiciones perjudiciales, esta edad se rebaja a 55 años para los hombres y a 50, para las mujeres. La ley contempla ciertos casos en que esta edad puede rebajarse todavía más.

El monto de la pensión se establece en dependencia de la antigüedad de trabajo y del salario que devengaba el ciudadano en el momento de jubilarse, de las bocas que tenga a su cargo y de otras condiciones. Al determinar el monto de la pensión, el Estado le ofrece a la persona que se jubila la posibilidad de elegir la variante que más le convenga. Por ejemplo, el monto de la pensión se computa de acuerdo con el promedio de salario devengado en un período de cinco años, pero la persona interesada tiene la prerrogativa de indicar qué período le es más favorable, por el salario recibido, para ser tomado como base del cómputo de la pensión. O sea, que puede elegir el período en que el salario medio fue más alto. La ley aquí parte de que el ciudadano no debe ser perjudicado cuando por causa de su capacidad de trabajo debilitada, en los años que preceden directamente a la jubilación, recibe un salario menor, en comparación con el período anterior.

De los beneficios de la jubilación gozan no solo los obreros y empleados de las empresas e instituciones del Estado, sino también los koljosianos. Los koljoses, de sus fondos, pueden agregar un pago complementario a las pensiones estatales. Tales pagos complementarios llegan a sumas considerables en muchos koljoses.

La edad para jubilarse que establece la ley determina a partir de qué momento el ciudadano puede dejar de trabajar y retirarse a disfrutar de la pensión. Pero esto no significa que él debe forzosamente dejar de trabajar y hacerse pensionista. La ley establece el derecho de jubilarse, pero contempla la posibilidad de que el ciudadano también puede continuar trabajando después de haber llegado a la edad de la jubilación. En este caso la pensión se le paga completa o parcialmente, en dependencia de su monto y del carácter del trabajo.

La pensión puede ser otorgada no solo al cumplir la edad que fija la ley, sino también en caso de incapacidad de trabajo permanente o temporal por motivo de enfermedad, traumatismo, defecto físico, etc. El monto de la pensión se computa en dependencia del grado de pérdida de la capacidad de trabajo, de la antigüedad laboral, de las bocas a mantener y del salario recibido antes de pasar a pensionista. En caso de pérdida parcial de la capacidad de trabajo, el ciudadano puede trabajar y recibir una pensión. Aquí la pensión compensa la pérdida de salario relacionada con la incapacidad parcial de trabajo.

En caso de incapacidad temporal de trabajo el ciudadano recibe un subsidio del seguro social. Las cuotas para el fondo del seguro social las pagan las empresas y las instituciones por todos los trabajadores que laboran en ellas. Estos no pagan cuotas de ningún género al fondo del seguro social. El fondo del seguro social de los koljoses se crea por cuenta de los ingresos de estos.

El subsidio que otorga el seguro social se paga cuando la incapacidad temporal de trabajo no es larga, no pasa de unos cuantos meses. El monto de este subsidio se establece en dependencia de la antigüedad en la empresa o en la institución. Las personas que llevan trabajados más de 8 años reciben un subsidio igual al salario completo, que se computa partiendo del salario medio mensual en el año inmediatamente anterior a la presentación de la incapacidad. Las personas que han trabajado menos de 8 años reciben del 60 al 80% del salario devengado.

El fondo del seguro social lo manejan los sindicatos. Los comités locales y fabriles de los sindicatos fijan el monto del subsidio por incapacidad temporal de trabajo, el cual se recibe del fondo del seguro social en la empresa o en la institución dada. Esto permite garantizar la observación del derecho de los ciudadanos a recibir sostenimiento material en caso de incapacidad temporal de trabajo.

El derecho a la vivienda se incluye en el número de los derechos sociales que son producto de la sociedad socialista. Las leyes soviéticas sobre la vivienda son una esfera amplia y detallada de la legislación. Es sabido que en la URSS la construcción de viviendas experimenta un auge colosal, cuyo ritmo no tiene parangón. Sin embargo, la pesada herencia dejada por la Rusia prerrevolucionaria y las terribles destrucciones que sufrió el fondo de viviendas durante la Gran Guerra Patria condicionan una demanda tan grande de viviendas que no podrá ser completamente satisfecha sino gradualmente, a medida que aumente la construcción de casas. Pero en la etapa actual ya el Estado garantiza la distribución más racional y justa del fondo de viviendas que tiene a su disposición.

El problema de la vivienda en nuestro tiempo es uno de los más agudos en el mundo entero. En la URSS, el dotar a toda la población de apartamentos confortables tiene gran importancia estatal. La solución del problema de la vivienda es una tarea que plantea el Programa del PCUS. Siendo el propietario del fondo principal de viviendas de las ciudades y poblados obreros, adelantando una construcción de viviendas, colosal por su magnitud, el Estado soviético garantiza un bien social tan invaluable, como es el derecho a la vivienda. Esto se expresa en el orden existente para la distribución de apartamentos del fondo de viviendas estatal, en la garantía de los derechos de los inquilinos en las casas de vivienda del fondo del Estado. Y se garantiza también mediante la gran ayuda que presta el Estado a las cooperativas de construcción de viviendas, así como a los ciudadanos que adquieren o construyen casas de propiedad personal[1].

* * *

La sociedad satisface las necesidades materiales y culturales de los ciudadanos no solo en forma gratuita, como ocurre por ejemplo con la educación

[1] En el capítulo IV nos detendremos más detalladamente sobre algunas disposiciones del derecho soviético de vivienda.

y el servicio médico, sino también parcial o enteramente en forma recompensada. Esto viene condicionado por la etapa en que se halla actualmente la construcción del comunismo, en la cual se utilizan ampliamente las relaciones monetario-mercantiles y se continúa realizando la distribución con arreglo al principio socialista, es decir, según el trabajo.

El comercio al por menor, el transporte, la alimentación pública, los distintos servicios que necesita la población y otros entran en la esfera de actividad de las empresas estatales y cooperativas, llamadas a satisfacer en forma recompensada tales necesidades de los ciudadanos. El hecho de que esta actividad sea realizada por empresas y organizaciones estatales y cooperativas ejerce una influencia esencial sobre las relaciones tradicionales entre el vendedor y el comprador, entre el transportador y el pasajero, entre el contratista y el cliente. El mejor servicio a los ciudadanos, el más pleno empleo de todas las posibilidades de la economía socialista para satisfacer las necesidades de la población condicionan el carácter especial de sus derechos, que emanan de la compra y la venta en los almacenes al por menor del Estado, del contrato de transporte, del pedido o encargo, etc.

Aquí no hay contratantes opuestos uno a otro por intereses antagónicos: el vendedor que desea vender al más alto precio sus artículos, y el comprador que debe estar alerta para defender sus intereses. Aquí el vendedor, el transportador y el contratista representan organizaciones estatales y cooperativas, interesadas en satisfacer lo mejor posible las demandas de los consumidores. Los órganos del Estado, desde el Consejo de Ministros de la URSS hasta los comités ejecutivos de los Soviets locales en el campo, manifiestan especial solicitud por la organización de todos los tipos de comercio al por menor, por el funcionamiento del transporte, especialmente urbano, y de las empresas que prestan distintos servicios a la población, de la alimentación pública, etc. Sobre la base de normas científicamente elaboradas y de los datos de la estadística, la demografía y otras ciencias, se planea la construcción, ensanche y ubicación de las empresas de comercio al por menor, de alimentación pública, de servicios a la población, así como el desarrollo de la red de los transportes ferroviario, acuático y aéreo, del esquema del transporte urbano y del horario de su funcionamiento.

En cumplimiento de la tarea de elevar el nivel de vida material y cultural en el país, el Estado regula los precios de las mercancías y de los servicios de distinto género que se prestan a la población. La política de precios es una eficiente palanca, que contribuye a la satisfacción más plena de las necesidades de los ciudadanos. El Estado regula las condiciones principales de los contratos en todos los tipos de servicios masivos, con el fin de proteger efectivamente los intereses de la población.

Tomemos, por ejemplo, las condiciones del contrato de venta a plazos. La venta de artículos a crédito se formaliza a los precios vigentes el día que se efectúa. Si después de esta operación y antes de que sea cubierto en su totalidad el valor del artículo, el precio del mismo sufre un alza, ello no acarrea la revisión del precio estipulado en el contrato. De manera que la venta a plazos no puede en ningún caso encarecer el precio de la mercancía.

Importa remarcar que el derecho de propiedad sobre las mercancías vendidas a crédito, surge desde el momento de su entrega. El comprador se convierte en propietario del artículo y puede disponer de él a su talante, quedando obligado a pagar oportunamente las cuotas convenidas hasta cubrir totalmente el valor del artículo. En caso de demora en los pagos, la organización comercial cobra la suma no pagada, según los reglamentos correspondientes, pero no tiene derecho a exigir la devolución del artículo vendido. Aquí no se presenta el caso de que el comprador, habiendo pagado una parte del valor del artículo adquirido a plazos, se vea forzado a devolverlo por motivo de la demora del pago de cuotas.

Es objeto de mucha atención la calidad de los artículos que se venden a los ciudadanos en los almacenes al por menor del comercio estatal y cooperativo. Los institutos de investigación científica elaboran recetarios para las mercancías, métodos para conservarlas y comprobar su buena calidad, así como para mejorar sus propiedades útiles. Los órganos de vigilancia sanitaria y las inspecciones especiales observan constantemente la calidad de los artículos destinados a la venta al por menor, para evitar cualquier infracción a este respecto.

Utilizando los servicios de las organizaciones estatales y cooperativas, el ciudadano posee no solo los derechos que emanan del contrato correspondiente (compra y venta, pedidos o encargos y transporte), sino también derechos complementarios. Esto puede formularse como derecho a un servicio adecuado, que es protegido por las normas de la legislación administrativa, que regula el funcionamiento de las organizaciones que prestan servicios a los ciudadanos, por la política estatal de precios, por las normas de responsabilidad penal que conlleva la violación de los reglamentos del comercio, del transporte, etc.

En la defensa de los derechos citados y en la organización y el control de la actividad de las empresas, que prestan servicios a la población, toma parte activa la opinión pública. Anejas a los comités ejecutivos de los Soviets locales funcionan comisiones especiales que observan el funcionamiento de las empresas de comercio al por menor, de transporte urbano, de servicios a la población y otras. En los grandes almacenes se convocan sistemáticamente conferencias de compradores, para esclarecer qué medidas se deben tomar para mejorar su labor. Las formas de participación de la opinión pública en la organización de los servicios para los ciudadanos son muy variadas. En ellas se manifiesta la iniciativa de las organizaciones sociales y de cada persona. Todas estas formas se utilizan eficazmente fiara perfeccionar a diario el inmenso e importante trabajo que lleva a cabo el Estado soviético, a fin de satisfacer las necesidades del pueblo.

Del breve resumen que hemos ofrecido se desprende que una parte considerable de las necesidades de los ciudadanos soviéticos la satisface la sociedad gratuitamente, o en condiciones privilegiadas por cuenta de los fondos sociales.

Al mismo tiempo, el ciudadano puede satisfacer sus necesidades materiales y culturales utilizando también su propiedad personal. En ese caso, el Estado presta a los ciudadanos una ayuda considerable, asegurando la posibilidad de un empleo más eficiente de la propiedad personal para satisfacer sus necesidades.

La propiedad personal de los ciudadanos soviéticos está indisolublemente ligada con el principio socialista de la remuneración del trabajo. El Programa del PCUS señala que la construcción del comunismo debe apoyarse en el principio del interés material y que el pago según el trabajo continúa siendo la fuente principal para satisfacer las necesidades materiales y culturales de los trabajadores. El paso a la distribución comunista culminará después de que el principio de distribución según el trabajo haya agotado sus últimas posibilidades, es decir, cuando reine la abundancia de bienes materiales y culturales y el trabajo se convierta en la primera necesidad de la vida para todos los miembros de la sociedad. Nosotros somos testigos de cómo gradualmente irrumpe en la vida la nueva actitud comunista hacia el trabajo, de cómo el trabajo se convierte en una necesidad orgánica del hombre. Sin embargo, en la etapa actual, las formas del interés material tienen considerable importancia y se expresan en el hecho de que la remuneración del trabajo depende de su cantidad y calidad. Quien trabaja mejor, recibe mejor remuneración, puede satisfacer plenamente sus necesidades por medio de la propiedad personal.

La fuente principal del origen de la propiedad personal en la URSS la constituye la remuneración del trabajo. O sea, es el salario que reciben los obreros y los empleados, el pago en metálico y la distribución de los ingresos en los koljoses, los premios y otros tipos de estímulo material que reciben los trabajadores[2].

También son fuente de origen de la propiedad personal las pensiones que reciben los jubilados y los incapacitados para trabajar; los estipendios que reciben los estudiantes, la ayuda estatal que se presta a las madres con muchos hijos o solas. La remuneración directa por el trabajo no existe en estos casos. Sin embargo, la base del origen de la propiedad personal aquí también es, en resumidas cuentas, el trabajo. La sociedad sostiene a las personas de edad provecta y a los ciudadanos incapacitados para trabajar, que ya trabajaron en el pasado; además, el monto de la pensión, como ya vimos, depende de la antigüedad de trabajo y del salario devengado anteriormente. Al pagar estipendios a los estudiantes, el Estado también les presta ayuda preparándolos

---

[2] Aquí y más adelante hablamos de las fuentes de origen de la propiedad personal como fuentes económicas que condicionan su existencia y la posibilidad que tiene cada uno de adquirirla. Aquí no tenemos en cuenta los modos de adquirir la propiedad personal como institutos jurídicos, que pueden ser distintos (la adquisición por medio de la compra y la venta, de regalos, heredamiento, etc.).

para desempeñar un trabajo calificado en el futuro. Y, naturalmente, ayudando a las madres con muchos hijos y solas, la sociedad no solamente las ayuda a ellas, sino también, al mismo tiempo, valora su inmenso y abnegado trabajo de educación de los hijos.

El hecho de que la fuente principal de la propiedad personal de los ciudadanos sea la remuneración de su trabajo o la ayuda, prestada por la sociedad, confirma el vínculo indisoluble de la propiedad personal con la propiedad socialista.

Lo dicho nos permite establecer los rasgos principales, que caracterizan la propiedad personal como una categoría económica en la sociedad socialista:

1) La propiedad personal está indisolublemente ligada con la propiedad socialista, es producto de esta; la remuneración del trabajo es la fuente principal del surgimiento de la propiedad personal, así como también la asistencia, que presta la sociedad, basada en última instancia también en el principio del trabajo.

2) La destinación fundamental de la propiedad personal es satisfacer las necesidades materiales y culturales del propietario.

Estos rasgos principales, que caracterizan la propiedad personal como una categoría económica, determinan también la importancia del derecho de propiedad personal como categoría jurídica, llamada a fijar y legalizar el contenido económico. El derecho de propiedad personal puede ser comprendido, en todos sus detalles, solo partiendo de su contenido económico principal.

El derecho de propiedad personal otorga al propietario la más plena libertad para disponer de los bienes que le pertenecen y, al mismo tiempo, garantiza la observación de la destinación *de consumo* de estos bienes. No se permite emplear la propiedad personal para extraer ingresos extralaborales, para explotar trabajo ajeno, para organizar actividades económicas privadas o para otros fines contrarios a los fundamentos del Estado y de la sociedad socialista.

En conformidad con las disposiciones generales que establece la Constitución de la URSS y las constituciones de las repúblicas federadas, el derecho de propiedad personal se regula más detalladamente en los Fundamentos de la legislación civil y en los códigos civiles de las repúblicas federadas.

La URSS es un Estado federado, en él entran 15 repúblicas soberanas federadas. En la correlación de la legislación de toda la Unión Soviética con la legislación de las repúblicas federadas se expresa la compaginación de la soberanía de la URSS con la soberanía de las repúblicas federadas. En la esfera de la legislación civil (como en otras ramas de la legislación) esto halla su reflejo en el hecho de que el órgano supremo del poder estatal de la URSS, que es el Soviet Supremo, adopta los Fundamentos de la legislación, en los cuales se determinan las disposiciones más generales; y las repúblicas federadas, a base de ellos, adoptan los códigos, en los cuales se regulan las relaciones correspondientes más detalladamente. Así, en los Fundamentos de la legislación civil de la URSS y de las repúblicas federadas, adoptados en 1961 y puestos en vigor desde el 1 de mayo de 1962, fueron establecidas las disposiciones más generales, referentes al derecho de propiedad personal. En los códigos civiles de las repúblicas federadas, adoptados en 1963-1964, dichas relaciones se regularon detalladamente.

La ley establece que en propiedad personal de los ciudadanos pueden hallarse los bienes destinados para satisfacer sus necesidades materiales y culturales. En la Constitución de la URSS, en las constituciones de las repúblicas federadas, así como en los Fundamentos de la legislación civil y en los códigos, se establece una lista-modelo de los objetos que pueden ser propiedad personal. En ella entran los ingresos y ahorros provenientes del trabajo, la casa de habitación, la economía doméstica auxiliar, los objetos y enseres de economía doméstica, de uso personal y de confort. Esta lista es aproximada: cualquier objeto que pueda ser utilizado para uso personal o domestico puede ser propiedad personal del ciudadano. El cumplimiento de uno de los puntos del Programa del PCUS —la tarea de garantizar el más alto nivel de vida a la población— está ligado indisolublemente con el aumento y variedad de los objetos que constituyen la propiedad personal de los ciudadanos soviéticos. Sin embargo, a ley establece como exigencia fundamental la observación del *carácter de consumo* inherente a la propiedad personal. Los bienes que se hallan en propiedad personal de los ciudadanos no pueden utilizarse para obtener ingresos extralaborales (Art. 25 de los Fundamentos de la legislación civil, Art. 105 del Código civil de la RSFSR y similares artículos de los códigos civiles de las demás repúblicas federadas)[3].

Para observar rigurosamente la destinación de consumo de la propiedad personal, la ley establece ciertas disposiciones referentes al tamaño de la propiedad y al orden para utilizarla. Por ejemplo, los esposos que viven conjuntamente y sus hijos menores de edad pueden tener solo una casa de habitación de propiedad personal, que jurídicamente puede pertenecer a uno de ellos o ser propiedad común de los mismos. El contrato de compra y venta de una casa de habitación puede llevarse a cabo no más de una vez en tres años. Al mismo tiempo, la ley permite excepciones de esta regla en todos los casos cuando esto es necesario para comodidad de los ciudadanos, que utilizan la propiedad con fines de consumo. Así, el Artículo 226 de la parte 2.ª del Código civil de la República Socialista Soviética de Ucrania admite, con la autorización del comité ejecutivo del Soviet local, la compra de una segunda casa, antes de la venta de la primera, cuando está de por medio la satisfacción de

[3] Aquí y más adelante se citan los artículos del Código civil de la República Socialista Federativa Soviética de Rusia. Los artículos de los códigos civiles de las otras repúblicas federadas se citan en aquellos casos en que se diferencien esencialmente de los del Código civil de la RSFSR.

las necesidades de la familia. Después de la compra de aquélla, esta debe ser vendida en el curso de un año[4].

Todas estas disposiciones están dirigidas a no permitir la especulación con las casas, a no permitir que se arrienden sistemáticamente.

En los códigos de las repúblicas federadas se fijan las proporciones que deben tener las casas de habitación de propiedad personal de los ciudadanos, para garantizar su destinación de consumo. Al mismo tiempo, los códigos de las repúblicas federadas admiten la construcción de casas de mayor tamaño, cuando esto es necesario por la composición de la familia, o cuando el propietario (o un miembro de la familia) tiene derecho a un área de habitación complementaria.

La legislación de las repúblicas federadas fija también el límite de la cantidad de ganado que puede ser de propiedad personal de los ciudadanos.

Las disposiciones que hemos visto tienen por objeto reforzar el carácter de consumo de la propiedad personal; no permitir su empleo para extraer ganancias extralaborales u organizar actividades económicas privadas. Sin embargo, ellas no pueden servir, en ningún caso, de obstáculo al disfrute de la propiedad personal por el propietario y su familia.

Junto con la propiedad personal de los ciudadanos, la Constitución de la URSS, los Fundamentos de la legislación civil y los códigos de las repúblicas federadas regulan la propiedad personal del hogar koljosiano[5]. Cada hogar koljosiana está dotado de una pequeña parcela y es de propiedad personal todo lo necesario para organizar y mantener una economía auxiliar en ella. Las particularidades de la propiedad personal del hogar campesino están determinadas por el carácter de los koljoses, como forma de economía colectiva, por el vínculo de la economía personal de los koljosianos con la economía social del koljós, por la administración de la economía común, a cargo de los miembros del hogar koljosiano, que es una economía auxiliar.

En virtud de la específica de la agricultura y por las condiciones de la producción koljosiana, las relaciones de propiedad personal del hogar koljosiano son reguladas por la ley de modo distinto, en muchos casos, al de las relaciones de la propiedad personal de los ciudadanos. La propiedad personal del logar koljosiano no está sujeta a heredamiento, mientras este no deje

---

[4] En las repúblicas cuya legislación no contempla directamente este caso, la interpretación de las normas fundamentales que regulan el derecho de propiedad personal puede dar la clave para resolverlo.

[5] El hogar koljosiano, es decir, la familia, cuyos miembros (todos, o alguno de ellos) pertenecen al koljós, viven bajo un mismo techo y se ocupan de la economía común. En el hogar koljosiano pueden habitar personas no emparentadas por vínculos de sangre o de matrimonio, pero que viven de modo permanente en la familia. La fuente principal del ingreso aquí es la remuneración del trabajo de los miembros del hogar en el koljós (ver cap. III, parte 3.ª).

de existir. La parte del miembro que fallece queda como propiedad de los miembros restantes. Solo cuando ocurre la muerte del último miembro, cuando el hogar como tal deja de existir, los bienes del hogar koljosiano pueden ser heredados.

Los bienes del hogar koljosiano pertenecen a sus miembros como derecho de propiedad conjunta (Art. 27 de los Fundamentos de legislación civil). Son propiedad del hogar koljosiano la economía auxiliar organizada en la parcela, la casa de habitación, el ganado productivo, las aves de corral y los pequeños aperos de labranza. Además, a él pertenecen los ingresos de trabajo entregados en propiedad por sus miembros provenientes de su participación en la economía social del koljosiano, y otros bienes. Los objetos de uso doméstico y de consumo personal, adquiridos con los medios comunes, también son de su propiedad.

Siendo partícipe de la propiedad común del hogar koljosiano, cada uno de sus miembros tiene, además, bienes de su propiedad personal: vestuario, muebles, vajilla, bicicleta, televisor, radiorreceptor, etc. Sin embargo, según los Estatutos del koljós, los bienes que pueden pertenecer solo al hogar koljosiano no pueden ser propiedad personal de un miembro de este. Por ejemplo, si un miembro de este construye, con sus propios medios, un garaje o le añade otra habitación a la casa, estas obras se consideran propiedad del hogar koljosiano. Si él, con sus propios medios, compra nuevos muebles, una alfombra o un automóvil, estos objetos se consideran de su propiedad personal. Pero si el automóvil ha sido comprado con los fondos comunes de los miembros del hogar koljosiano, se considera propiedad de este[6].

Además de la propiedad personal de los miembros del hogar koljosiano, puede existir la propiedad común de los esposos-miembros de este. Por ejemplo, supongamos que del hogar koljosiano forman parte el padre y dos hijos. Uno de estos se casa y su mujer entra a formar parte del hogar koljosiano. Una parte de los bienes (lo que está previsto por los Estatutos del koljós y lo que ha sido adquirido con los medios comunes del hogar koljosiano) es propiedad del hogar koljosiano, como un todo; otra parte de los bienes, como ya dijimos, puede ser propiedad personal de sus miembros, considerados individualmente y, finalmente, los bienes adquiridos conjuntamente por los jóvenes esposos son propiedad común de estos. Las relaciones que se derivan de la propiedad personal de los miembros del hogar, así como de la propiedad común de los esposos, miembros de aquél, se regulan por las disposiciones generales sobre la propiedad personal de los ciudadanos.

El Artículo 9 de la Constitución de la URSS establece que, junto con el sistema de economía socialista, que es la forma dominante de economía en el País de los Soviets, la ley admite la pequeña economía particular de campesinos y artesanos individuales, basada en el trabajo personal y excluidora de

[6] En el capítulo III, parte 3.ª, puede verse más detalladamente lo relacionado con la propiedad conjunta del hogar koljosiano.

explotación de trabajo ajeno. La propiedad de las personas que se ocupan en esa pequeña economía particular, basada en el trabajo personal (de los campesinos individuales y los artesanos no cooperados), no puede ser incluida en la propiedad privada, por cuanto ella no puede ser utilizada con fin de explotación de trabajo asalariado, ni con fines de percibir ganancias extralaborales. Tampoco puede ser incluida en la propiedad personal de los ciudadanos, por cuanto en la base de esta última se halla su trabajo en la economía socialista. Mientras que en la base de la propiedad de los campesinos individuales y de los artesanos no cooperados se halla su trabajo en una economía individual.

Estos tipos de propiedad se diferencian también por su destinación: la propiedad personal de los ciudadanos tiene un carácter de consumo; entre tanto, la propiedad de los campesinos individuales y de los artesanos no cooperados tiene no solo carácter de consumo, sino también de producción; ella asegura la posibilidad de que funcione la pequeña economía particular, en los límites señalados por la ley, ligada con la venta sistemática de la producción mercantil de la misma; ella es fuente principal de existencia de las personas vinculadas a tal economía.

La pequeña economía particular de los campesinos individuales y de los artesanos no cooperados va desapareciendo gradualmente. Las ventajas del trabajo en la economía social son tan evidentes, que cada día son menos los que desean permanecer vinculados a su economía personal particular. El peso relativo de esta producción en la economía del país, en la última década, no llega al 0,1%. El proceso de desaparición de esta forma de economía está determinado por la acción de las leyes objetivas del desarrollo económico y social. El Estado no fuerza este proceso y otorga a las personas que se ocupan en tal economía, de acuerdo con las exigencias de la ley, todos los medios de protección jurídica.

Las normas que regulan la propiedad personal de los ciudadanos se aplican a la propiedad de los artesanos que tienen una pequeña economía particular, basada en el trabajo personal, sin empleo de trabajo ajeno, por cuanto la ley no prevé otras (Art. 115 del Código civil de la RSFSR).

Las normas que regulan la propiedad conjunta común del hogar koljosiano se aplican a la propiedad de la economía campesina individual. Al mismo tiempo, la ley establece que en propiedad de la economía campesina individual, además de los bienes que pueden ser propiedad del hogar koljosiano, pueden hallarse el ganado de labor y los aperos de labranza, indispensables para el laboreo de la parcela concedida, sin empleo de trabajo ajeno (Art. 134 del Código civil de la RSFSR).

CAPÍTULO II

SUJETOS DE DERECHO DE PROPIEDAD PERSONAL

Los ciudadanos de la URSS son sujetos de derecho de propiedad personal. El derecho de propiedad personal —uno de los derechos de propiedad fundamentales— está indisolublemente ligado con otros derechos de los ciudadanos, garantizados por la Constitución de la URSS.

Por cuanto la propiedad personal es derivada de la propiedad socialista, y su fuente principal es la remuneración del trabajo y las distintas formas de satisfacción de las necesidades a costa de los fondos sociales, los artículos de la Constitución, que consagran los derechos correspondientes de los ciudadanos soviéticos, tienen una significación esencial.

Ante todo, el Artículo 118, que garantiza el derecho al trabajo, es decir, el derecho a obtener trabajo permanente, pagado de acuerdo con su cantidad y calidad. El establecimiento del derecho al trabajo y de la obligación respectiva de trabajar es uno de los rasgos característicos principales de la sociedad socialista. En la URSS no hay y no puede haber desempleados. A cada ciudadano se le da la posibilidad de trabajar de acuerdo con sus capacidades, inclinaciones, intereses y preparación recibida. Por supuesto, el Estado y la sociedad soviéticos no pueden permitir la existencia parasitaria de personas aisladas, que no desean trabajar, que procuran obtener de la sociedad todos los bienes, sin darle nada en cambio. Las formas de pago del trabajo, junto con las medidas de influencia social, estimulan a los ciudadanos a observar la obligación honrosa de trabajar.

Tienen gran importancia también el Artículo 120 de la Constitución, que establece el derecho a la asistencia económica en la vejez, así como en caso de enfermedad o de pérdida de la capacidad de trabajo; el Artículo 121, que consagra el derecho a la educación y el pago de estipendios a los estudiantes, así como otros artículos de la Constitución y de actos legislativos basados en ella, que fijan los derechos sociales de los ciudadanos soviéticos.

La Constitución garantiza la realización del derecho de propiedad personal, es decir, la posibilidad de cada ciudadano a ser sujeto de este derecho. La encarnación práctica de este derecho está garantizada también por todo el régimen económico del Estado socialista, que otorga a cada persona apta la posibilidad de trabajar, según sus capacidades, y de recibir una remuneración, según su trabajo; asegura materialmente a los incapacitados para trabajar, ayuda a la juventud a prepararse para desempeñar un trabajo calificado.

La posibilidad de ser sujeto de derecho de propiedad personal es uno de los elementos principales del contenido de a capacidad civil. La posibilidad de tener bienes de propiedad personal es la primera, al determinar el contenido de la capacidad jurídica de los ciudadanos, en el Artículo 9 de los Fundamentos de la legislación civil. El derecho de propiedad personal se cuenta entre aquellos derechos de que el ciudadano no puede ser privado, incluso si comete un delito atroz; la confiscación de todos o de parte de los bienes, prevista por las leyes penales, en caso de la comisión de un delito grave, no significa privar a la persona de la posibilidad de ser sujeto de derecho de propiedad personal, ella significa solo privar al delincuente del derecho de propiedad sobre un bien concreto determinado.

Por cuanto *todos* los ciudadanos de la URSS gozan de igual capacidad civil, *todos* ellos pueden ser sujetos de derecho de propiedad personal. Para ejercer el derecho de propiedad personal en ciertos casos es suficiente poseer capacidad legal y no se requiere la capacidad de obrar. Así, un menor de edad, al cual le regalan una bicicleta, es propietario de esta y la usa, ejerciendo su derecho de propiedad. Sin embargo, las personas que poseen capacidad jurídica, pero no capacidad de obrar completa o limitada, pueden ejercer el derecho de propiedad personal solo en ciertos límites. Para que un ciudadano pueda ejercer a plenitud el derecho de propiedad, debe poseer no solo capacidad civil, sino también capacidad de obrar.

La capacidad civil (capacidad de tener derechos y deberes civiles) se reconoce en forma igual a todos los ciudadanos de la URSS, independientemente del sexo, la nacionalidad y la raza. La capacidad jurídica del ciudadano surge en el momento de su nacimiento y cesa cuando fallece.

La capacidad de obrar (capacidad de adquirir, mediante sus actos, los derechos y los deberes civiles) surge en su plenitud al cumplir el individuo la mayoría de edad, es decir, los 18 años (Art. 8 de los Fundamentos de la legislación civil)[1].

Nadie puede ser limitado en el ejercicio de su capacidad jurídica o de su capacidad de obrar de modo distinto al previsto por la ley. Los compromisos enderezados a limitar la capacidad jurídica o la capacidad de obrar se consideran nulos. Si un ciudadano aceptase una obligación limitadora de su capacidad jurídica o de su capacidad de obrar (por ejemplo, de vivir o no en determinada localidad, de ocuparse o no en determinado género de actividad, de disponer, en una forma u otra, de sus bienes), tal obligación no tendría ningún

---

1 En algunas repúblicas federadas la ley permite el matrimonio antes de que la persona cumpla los 18 años de edad. En estos casos, los ciudadanos que contraen matrimonio adquieren la capacidad de obrar plena, a partir de ese momento.

valor jurídico, y el convenio en cuestión sería declarado ilegal. La disposición de la ley sobre la nulidad de los convenios dirigidos a limitar la capacidad o la facultad de obrar de los ciudadanos, adoptada en 1922, se ha enraizado tan sólidamente en las costumbres, que la comisión de tales tratos no se practica hoy en parte alguna.

Los menores de edad, que no han cumplido los 15 años, se consideran sin capacidad de obrar. Ellos no pueden realizar actos jurídicos, no pueden disponer de sus bienes. La ley les otorga derecho solo para realizar, autónomamente, pequeñas transacciones: la compra de artículos alimenticios indispensables, artículos escolares y deportivos, reparación de calzado, etc. Esta exclusión de la regla general sanciona la costumbre de enseñar gradualmente a los menores de edad a hacer las compras necesarias, a preocuparse por sus cosas y ayudar en la economía doméstica. El límite de los 15 años, es decir, de la edad antes de la cual el individuo se considera sin capacidad de obrar, ha sido establecido en la URSS teniendo en cuenta la vigencia de la ley sobre la enseñanza obligatoria de 8 años, que finaliza al llegar a esa edad.

Los menores de edad, entre los 15 y los 18 años, se consideran con capacidad parcial de obrar. Pueden realizar transacciones con el visto bueno de sus padres, adoptadores o tutores; tienen derecho para realizar autónomamente pequeñas transacciones cotidianas. Además, —esto es muy importante—, ellos pueden disponer de su salario o estipendio y ejercer sus derechos de autor o de inventor.

El hecho es que a partir de los 15 años el menor de edad puede ingresar en una escuela de peritaje y allí se pagan estipendios. Desde los 16 años puede empezar a trabajar, o hacerse miembro de un koljós. En estos casos, él recibe una remuneración por su trabajo: salario, un pago en metálico y la parte que le corresponda de los ingresos en el koljós. Los menores de edad, que pasan de los 15 años, pueden ser también autores de obras literarias y de arte, o inventores y racionalizadores. En las empresas y en las obras de construcción, los jóvenes hacen una parte considerable de las propuestas racionalizadoras, incluso menores de edad. Ellos pueden ejercer sus derechos de autor, inventor o racionalizador, incluso recibir la recompensa correspondiente y disponer de ella de modo autónomo.

Los menores de edad, que poseen capacidad parcial de obrar, responden, de acuerdo con las disposiciones generales, del daño causado por ellos. Su responsabilidad se halla en los límites del salario que devengan o de los bienes que poseen. Solo cuando el salario o los bienes son insuficientes para indemnizar el daño, la indemnización de este corre a cargo de los padres o de los tutores. De modo que la capacidad parcial de obrar le permite al adolescente gozar de determinados derechos para disponer de sus bienes y lo obliga taxativamente a responder por sus actos.

En la práctica, la disposición de la ley sobre el derecho de las personas que se hallan entre los 15 y los 18 años de edad a disponer de su salario, estipendio u otra recompensa, no se interpreta en forma extensiva. Esto significa que los menores de edad disponen, precisamente, *de sus ingresos*. Si un adolescente compra con sus medios un bien cualquiera, para disponer de él necesita el consentimiento de los padres o del tutor. Por ejemplo, si un estudiante, menor de edad, con el estipendio, que recibe en la escuela de peritaje, compra una motocicleta, y, posteriormente, la quiere cambiar por una lancha, para realizar tal cambio necesita el visto bueno de los padres o del tutor.

Los menores de edad, independientemente de los años que tengan cumplidos, tienen derecho a abrir cuentas en las cajas de ahorro o a hacer depósitos en otras instituciones de crédito y a disponer de ellos. El depósito puede ser hecho, a nombre del menor de edad, por un adulto. Esta excepción de las disposiciones generales se basa en los estatutos de las instituciones de crédito (principalmente, en los estatutos de las cajas de ahorro laborales del Estado).

La administración de los bienes del menor de edad, enmarcados en el derecho de propiedad personal, corre a cargo de sus padres, curadores o tutores.

En el derecho soviético se diferencian los institutos de curaduría y tutoría.

La tutoría se establece sobre las personas que no tienen capacidad de obrar, es decir, menores de 15 años. El tutor realiza todos los actos de disposición y ejercicio de otros derechos del incapacitado (jurídicamente).

La curaduría se establece sobre las personas que carecen parcialmente de la capacidad de obrar, es decir, sobre las personas cuya edad oscila entre los 15 y los 18 años. Estas personas pueden disponer de la propiedad y realizar otros derechos, con la autorización del curador.

De suerte que el papel del curador se limita, en grado considerable, a controlar los actos del tutelado, mientras que el tutor lo remplaza enteramente en el ejercicio de sus derechos.

Los padres, por su misma situación en la familia, son tutores y curadores de sus hijos menores de edad. Solo en aquellos rarísimos casos cuando, en conformidad con la ley, los padres no cumplen o cumplen mal sus obligaciones, son privados de sus derechos de tales y para sus hijos se establece la tutoría. Como regla, los padres no necesitan ningún acta especial que acredite sus derechos de tutores o curadores: estos derechos con respecto a sus hijos se sobreentienden.

La tutoría y la curaduría se establecen para proteger a la persona que carece de la capacidad de obrar, para velar por sus derechos e intereses y por los bienes que le pertenecen. El deber principal de los padres o de los tutores es la educación de los niños, la formación de su conciencia, la preparación para una actividad social útil. La administración de los bienes de los menores, la realización de las transacciones a que den lugar estos bienes, se lleva a cabo por los padres y tutores en el curso del cumplimiento de todas sus obligaciones con respecto a los hijos o tutelados.

Al mismo tiempo, para proteger los bienes del propietario incapaz de obrar de posibles casos de administración irreflexiva, ligera o negligente de ellos, la ley contempla ciertas limitaciones al derecho de los padres o los tutores a disponer de dicha propiedad. Unos y otros pueden realizar transacciones de enajenamiento de la propiedad del tutelado, empeñarla o darla en arriendo por un plazo mayor de un año solo con autorización de los órganos de tutoría y de curaduría.

Por ejemplo, si un menor de edad hereda de su tío una casa de campo con huerto frutal, sus padres cuidan estos bienes; junto con el menor de edad, propietario en este caso, utilizan la casa, la reparan, mantienen en buenas condiciones el huerto, etc. Los padres tienen facultad para vender las frutas, pueden dar en arriendo una parte de la casa en el verano y emplear estos medios para cubrir los gastos que demanda la propiedad o los gastos generales de la familia. Sin embargo, no tienen derecho, por su propia cuenta, de alquilar la casa por largo tiempo (por más de un año), ni de vender parte de ella, ni de reconstruirla, etc. Estas actividades las pueden realizar solo con autorización de los órganos de tutoría y de curaduría. Si se trasladan a vivir a otra ciudad, solo con autorización de la tutoría pueden vender los citados bienes y la suma recibida tienen que depositarla, a nombre del menor de edad, en una caja de ahorros, hasta que este cumpla la mayoría de edad, o comprar con ese dinero una nueva casa de campo, en el nuevo lugar de residencia, o adquirir otra propiedad.

Solo con carácter de excepción, los padres y los tutores están facultados para enajenar bienes de fácil deterioro, o que por su destinación para la venta pueda inutilizarse para el consumo, si su valor no pasa de 50 rublos.

Sin autorización de los órganos de tutoría y de curaduría, los padres y los tutores no pueden renunciar a la herencia dejada a un tutelado. No se admite en absoluto la donación de la propiedad que pertenece a un tutelado.

También pueden ser reconocidos como incapaces de obrar los mayores de edad, si a consecuencia de una enfermedad mental no están en condiciones de comprender el alcance de sus actos o de guiarlos. El reconocimiento de la incapacidad de obrar puede efectuarse solo mediante la decisión de un tribunal, de acuerdo con las disposiciones especiales que rigen para estos casos. En caso de que una persona sea reconocida incapaz de obrar, se establece sobre ella la tutela. El ciudadano reconocido incapaz de obrar no puede realizar ninguna clase de actos relacionados con la disposición de sus bienes. Si mejora su salud considerablemente o se recupera por completo, tal persona, por decisión del tribunal, se reconoce con capacidad de obrar y queda eximida de la tutoría anterior.

Los tribunales pueden limitar la capacidad de obrar al ciudadano que, a consecuencia del abuso de bebidas alcohólicas o de narcóticos, ponga en difícil situación material a su familia. Sobre tales personas se establece la tutoría. En los códigos civiles de varias repúblicas federadas (RSFSR, Letonia, Lituania,

Armenia, Bielorrusia y Estonia), al ciudadano, limitado por esta causa en su capacidad de obrar, se le otorga derecho para realizar pequeñas transacciones de primera necesidad. En los códigos de algunas repúblicas federadas (Ucrania y Kazajia) se concede derecho a dichas personas para realizar todas las transacciones de propiedad, incluso para disponer de su salario, con la única condición de que lo autorice el curador. Los tribunales pueden revocar la limitación de la capacidad de obrar del ciudadano y eliminar la curaduría sobre él, si deja de abusar con las bebidas alcohólicas o con los narcóticos.

La limitación de la capacidad civil de los borrachos y narcómanos es una de las formas de lucha contra los inmundos residuos del pasado, especialmente intolerables ahora, en pleno desarrollo de la sociedad socialista. Estas medidas se acompañan con otras formas de influencia social, dirigidas a erradicar definitivamente estos fenómenos deformadores del hombre. Los casos de limitación de la facultad de obrar son, en realidad, muy raros. La vista de estas causas en los tribunales, la designación de curador y la aplicación de dicha norma, es acompañada de una amplia participación de la opinión pública para que esta limitación no solo proteja los intereses de la familia, sino también ayude a la curación o corrección de la persona sancionada.

Enumeramos todos los casos de limitación de la capacidad de obrar especialmente para disponer de la propiedad personal.

Ocurren casos cuando las personas con capacidad de obrar no pueden ejercer debidamente sus derechos, a consecuencia de un defecto físico cualquiera, de una enfermedad crónica grave, de edad avanzada, etc. La ley prevé aquí la posibilidad de establecer la curaduría sobre tales personas (Art. 70 del Código sobre el matrimonio, la familia y la tutoría, de la RSFSR, y artículos respectivos de los códigos de las otras repúblicas federadas).

Sin embargo, la curaduría en estos casos se diferencia considerablemente de la que se establece sobre los individuos parcialmente capaces. Las personas sobre las cuales se ejerce la curaduría, debido a su estado físico, son completamente capaces. La tarea del curador se limita a ayudarles a hacer efectivos sus derechos y cumplir sus deberes, a protegerlas de los abusos de terceras personas.

A veces, los ciudadanos con plena capacidad jurídica, por una u otra causa, no pueden administrar los bienes de su propiedad personal. En esa situación se halla, por ejemplo, el ciudadano que haya heredado una casa de habitación, ubicada en una localidad distinta a la de su domicilio, o la persona que se halla en comisión de servicio durante largo tiempo, y, por lo tanto, no puede vivir en el lugar de su domicilio, donde se hallan sus bienes.

En estos casos, el ciudadano puede disponer de sus bienes a través de un representante suyo. Este actúa con base en un poder que le otorga el propietario y debe expresar en todos sus actos la voluntad de este. Dicho documento estipula quién es el representante y fija el alcance de sus poderes. Del representado depende el mayor o menor grado de especificación de las atribuciones del que lo apodera.

Así, el propietario puede otorgar a su representante un poder general para que le administre sus bienes, es decir, comisionarlo para ejercer todas las facultades que son de competencia del propietario con respecto a la propiedad: derecho de alquilarla, de darla en uso gratuito, venderla, etc.

El poder puede ser otorgado para la comisión de transacciones determinadas, por ejemplo, para vender la propiedad, para concluir un contrato con el fin de arrendarla.

En el poder se puede excluir el derecho del representante a realizar determinadas transacciones. Por ejemplo, el propietario de una casa de campo, que se halla en otra ciudad, puede otorgar poder para realizar todas las transacciones necesarias con respecto a dicha propiedad (contrato de reparación, alquiler), pero excluyendo su venta, donación o entrega en arriendo por largo tiempo.

Finalmente, el poder puede otorgarse con la estipulación de condiciones exactamente definidas, como: la obligación de vender la casa a determinada persona, por determinada suma y con un plazo de pago determinado.

El tipo de poder, las facultades del representante: todo esto lo determina el propietario de los bienes.

Naturalmente, no todos los actos con respecto a la propiedad los puede realizar el propietario a través de un representante. Algunos actos, por su carácter, pueden ser realizados solo personalmente. Así, el acto de testar la propiedad no se puede hacer por medio de un tercero: esto lo puede hacer solo el propietario.

La posibilidad de administrar los bienes y de ejercer las facultades de competencia del propietario a través de un representante, está enderezada a garantizar al propietario una libertad más holgada en la disposición de su propiedad, a facilitarle su administración, si por unas u otras causas no puede hacerlo directamente. Sin embargo, el carácter básico del derecho de propiedad personal, como regulador del uso de la propiedad de los ciudadanos para satisfacer sus necesidades, no crea amplias posibilidades de emplear la representación. Como regla, el propietario mismo posee, utiliza y dispone de la propiedad que le pertenece.

CAPÍTULO III

EJERCICIO CONJUNTO DEL DERECHO DE PROPIEDAD PERSONAL

El derecho de propiedad personal sobre cualquier objeto o bien puede pertenecer a dos o más personas, con base en el derecho de propiedad común. Se diferencian la propiedad común, con determinación de las partes: la propiedad copartita y la propiedad común, sin determinación de partes: la propiedad conjunta. El último tipo de propiedad común surge en virtud de que entre dos o más personas existen relaciones que sirven como base para reconocer la propiedad de ellas como propiedad conjunta. La base de estas relaciones es, como regla, la familia.

La ley soviética conoce dos tipos de propiedad conjunta:

1) la propiedad conjunta común de los esposos sobre los bienes adquiridos por ellos en el matrimonio;

2) la propiedad conjunta común de los miembros del hogar koljosiano.

En todos los demás casos, la propiedad común es una propiedad copartita.

1. Propiedad común copartita

Derecho de propiedad personal sobre un objeto determinado pueden tenerlo dos o más personas. El derecho de propiedad común de parte tiene la finalidad de garantizar el uso conjunto, por dos o más individuos, de un bien, en aquellos casos cuando ese uso conjunto es necesario o deseable para satisfacer sus necesidades materiales y culturales.

La función del derecho en este caso consiste en establecer el orden bajo el cual las relaciones de propiedad común garanticen equitativamente los intereses y los derechos de los copropietarios de esta, así como la máxima e igual libertad posible de cada uno de ellos para disponer de su propiedad. Este fin determina también las razones del surgimiento del derecho de propiedad común, y así como los derechos y deberes de sus partícipes en las relaciones de uno con otro y con terceras personas.

El derecho de propiedad común surge por distintas razones. Las más extendidas son el heredamiento, la adquisición conjunta, por dos o más personas, de un objeto cualquiera, la participación de dos o más personas en la creación de cualesquiera bienes y la enajenación, por el propietario, de la parte que le corresponde de una propiedad indivisible.

Así, si tres niños, que antes vivían conjuntamente con su padre, al morir este, recibieron como herencia la casa de habitación con sus instalaciones domésticas, esta se transforma en propiedad común de ellos. Dos turistas pueden comprar conjuntamente una lancha de motor, tiendas de campaña y todo lo necesario para realizar viajes de recreo. Dos o tres camaradas pueden construir un yate o una lancha de motor para pasear. El ciudadano que es propietario de una casa de campo, demasiado grande para él, puede venderle a otro la mitad de ella, etc.

En todos estos casos surgen relaciones de propiedad común copartita. Ellas aparecen conforme a la voluntad de cada copropietario. Si las partes no manifiestan su voluntad de crear relaciones de propiedad común, estas no surgen.

En la práctica, la cuestión de saber si la propiedad dada es propiedad común, se resuelve fácilmente, cuando las partes han expresado su voluntad en forma suficientemente clara y, por anticipado, han determinado las relaciones mutuas. Por ejemplo, si dos ciudadanos, al comprar una casa conjuntamente, hacen constar esto en el contrato y estipulan la parte de cada uno de ellos, el reglamento para usarla, etc., en adelante ya no podrá surgir discusión en torno a si esta casa es de su propiedad común.

Sin embargo, se dan casos en que los ciudadanos, debido a su falta de conocimientos jurídicos, o porque simplemente consideraron suficiente un acuerdo verbal, no le dieron a sus relaciones forma jurídica, o por cualquier otra causa no las formalizaron adecuadamente. En tales circunstancias, si de los hechos concretos del asunto se desprende claramente que entre las partes existen relaciones de propiedad común, surgidas por su voluntad y que no están en contradicción con la ley, por su contenido, la inobservancia de la forma establecida no puede obstaculizar el ejercicio y protección de los derechos de los copropietarios.

Veamos un ejemplo. Dos amigas cercanas decidieron comprar conjuntamente una casa. Una de ellas encontró una casa de dos apartamentos, precisamente la que buscaban, y formalizó la compra a su nombre. El valor del inmueble lo pagaron ambas por partes iguales. Cada una ocupó un apartamento (la mitad de la casa aproximadamente); las dos, por partes iguales, financiaron los gastos de mantenimiento y reparación de la casa, además de equipar y reparar la parte ocupada por cada una con su peculio respectivo. Diez años después, la que compró la casa a su nombre se casó, y al poco tiempo murió. El marido de la finada, basándose en el derecho de sucesión, exigió ser reconocido como propietario de la casa. El tribunal, habiendo examinado el asunto, estableció que la casa había sido comprada con recursos comunes de las dos amigas, que la reparación de las partes comunes del inmueble (tejado, escaleras, etc.,) se pagaba también con recursos comunes y que ambas mujeres disponían de sus apartamentos como dueñas. En vista de las pruebas anteriores, el tribunal llegó a la conclusión de que la casa era propiedad común de ellas y que, por lo tanto, al viudo le correspondía como herencia solo aquella parte que pertenecía a la finada.

Tal reconocimiento del derecho de propiedad común es posible solo cuando el tribunal, habiendo examinado todas las circunstancias del asunto, se convence de que la formalización del derecho de propiedad a nombre de uno solo de los participantes de la propiedad común no encubre ninguna violación de la ley, y que la formalización de este derecho en la forma debida es imposible en el momento de la vista del litigio.

Las relaciones de propiedad común pueden surgir también como resultado de la creación conjunta de cualquier objeto. A menudo esto se refiere a la construcción de casas de habitación. Esa participación debe ser formalizada en la debida forma al concederse la parcela de terreno para levantar la casa. En el Acta del comité ejecutivo del Soviet local que otorga la parcela para la construcción de la vivienda deben indicarse los nombres de todos los que participan en dichos trabajos. Si durante el levantamiento de la casa el constructor enrola a otra u otras personas con el fin de hacer una construcción conjunta, para esto debe obtenerse el permiso del comité ejecutivo del Soviet local, y luego formalizarse la participación de dichas personas en la obra. Así pues, para reconocer la propiedad común en este caso se necesita la autorización del comité ejecutivo del Soviet local a fin de poder hacer la modificación correspondiente del contrato por el cual se concede la parcela de tierra.

Si a la construcción de la casa han sido incorporadas personas que no tienen parentesco con el edificador, sin hacer la formalización correspondiente de dicha participación, aquéllas tienen derecho de exigirle a este solamente el reembolso de los gastos que hayan realizado en la obra. Cuando el comité ejecutivo del Soviet local no objeta la modificación del contrato que otorga la parcela de tierra, los tribunales, teniendo en cuenta todas las circunstancias del asunto, pueden reconocerle a estas personas derecho de propiedad sobre una parte del inmueble. En este caso, los tribunales comprueban minuciosamente los vínculos reales de las partes, establecen las causas por las cuales la construcción de la casa se hizo utilizando recursos de las otras personas, que pretenden que se les reconozca derecho de propiedad sobre la casa.

La exigencia de la debida formalización de los vínculos de las personas que construyen conjuntamente una casa de habitación, y la del permiso del comité ejecutivo del Soviet local para modificar el contrato que otorga la parcela de tierra donde se levanta, se derivan de la enorme importancia que tiene la construcción individual de viviendas en las condiciones de una aguda necesidad de las mismas.

Si la casa de habitación está ya construida y registrada a nombre de la persona o personas que la edificaron, su dominio se realiza según el orden habitual (véase el capítulo IV, parte 3.ª).

Con otros tipos de propiedad no se requiere formalización especial de las relaciones de propiedad común. Estas pueden surgir del contrato de las partes, de las condiciones en que se adquiera la propiedad. Si unas cuantas personas crean conjuntamente una propiedad, con la particularidad de que la participación de una u otra persona no tiene otras bases legales (contrato de trabajo, empréstito, etc.), hay todos los fundamentos para considerar que las partes, al crear dicha propiedad, supusieron hacerla a base del derecho de propiedad común, también en este caso la parte de cada uno se determinará por el grado de su participación en la creación de la misma.

Al examinar la cuestión de la parte que corresponde a cada uno de los copropietarios es necesario distinguirla, en cuanto derecho de propiedad sobre el bien o bienes de que se trate (en la literatura jurídica y en la práctica judicial se llama parte ideal), de la llamada parte real: derecho de usar una parte determinada del bien o los bienes dados. Esto obedece a que no siempre la parte concreta gastada en la adquisición o creación de la propiedad de uno de los participantes de la propiedad común coincide con el tamaño de la parte que él utiliza en realidad. Dos personas pueden participar en igual medida en la construcción de una casa, pero una de ellas, teniendo en cuenta el tamaño de la familia, puede ocupar un área habitable mayor. Como partícipe de la propiedad común, ella tiene derecho a una parte igual a la mitad de la casa. Sin embargo, de hecho puede utilizar una parte más grande, digamos: dos terceras partes. La ley admite tal desigualdad, como producto de un acuerdo entre las partes o de cualesquiera otras circunstancias, en particular, la imposibilidad técnica de dividir en partes iguales el área habitable, de modo que corresponda exactamente a la parte de cada copropietario, en cuanto derecho de propiedad.

En los casos cuando no puede ser separada una determinada parte de los bienes para que la utilice el copropietario, este puede ser recompensado en dinero por su parte, en cuanto derecho de propiedad, y, de esa manera, quedar excluido del número de partícipes de la propiedad común.

Por ejemplo, una madre al morir dejó una casa de su propiedad para tres herederos. Dos de ellos vivían junto con ella, el tercero tenía su domicilio en otro lugar. La casa tiene dos apartamentos separados. En este caso es conveniente pagarle en dinero al tercer heredero la parte que le corresponde de la casa. Los herederos que quedan en posesión de ella deben cubrir conjuntamente el monto de la recompensa que recibe el tercero.

Al resolver las cuestiones relacionadas con la propiedad común sobre un bien, el derecho protege de modo igual los intereses de todos los copropietarios. La posesión, uso y disposición de la propiedad común se realizan por acuerdo de todos sus copropietarios. En caso de desacuerdo, cualquiera de los partícipes puede entablar demanda en un tribunal. Este resuelve lo que sea pertinente hacer con dicha propiedad. Cada copropietario, proporcionalmente con la parte que le corresponde, está obligado a contribuir a financiar los gastos que demande la propiedad: impuestos, mantenimiento, reparación, etc. (siempre que estén establecidos).

La conservación de las relaciones de propiedad común depende enteramente de la voluntad de sus partícipes. Cada uno de ellos puede disponer de su parte como lo considere necesario. El puede continuar como partícipe de la propiedad común, o vender su parte, regalarla o cambiarla.

Sin embargo, protegiendo el derecho de cada partícipe de la propiedad común, la ley garantiza la más plena posibilidad de compaginar los intereses del propietario que dispone de su parte, con los intereses de los demás copropietarios. La propiedad personal sirve para satisfacer necesidades materiales y culturales. Para los partícipes de la propiedad común tiene gran importancia el número de estos y la personalidad de cada uno de los mismos. Por esa razón, admitiendo que cada copropietario disponga de su parte, la ley, al mismo tiempo, protege también los intereses de los otros partícipes. Esto se logra mediante el establecimiento del *derecho de prioridad de compra.*

Un hermano y dos hermanas vivían en una casa de su propiedad. Eran personas de edad provecta, apacibles y muy ordenadas. La casa y la parcela adjunta estaban siempre muy bien cuidadas. La vida transcurría con sosiego y mesura. Inesperadamente el hermano murió. Su hija, domiciliada en otra ciudad, resolvió vender la parte del inmueble que le correspondió como herencia a una familia numerosa, conocida por su afición a la vida alegre, ruidosa y desordenada. Si la venta se hubiese consumado, las dos hermanas que quedaron en la casa habrían tenido que cambiar bruscamente el régimen de vida celosamente observado durante muchos años, lo cual, naturalmente, podía traerles no pocas situaciones conflictivas.

Debido a esto, el tribunal otorgó a las dos hermanas el derecho de prioridad de compra de la parte que pertenecía a la sobrina. En caso de que no necesiten la habitación que ocupaba antes el hermano, pueden posteriormente vender parte de la casa, escogiendo eso sí clientes que no les perturben su vida y orden habituales.

Si uno de los copropietarios desea vender su parte a otra u otras personas, está obligado a informarlo por escrito a los otros partícipes de la propiedad común, indicando el precio y las condiciones según las cuales vende su parte. Los otros copropietarios gozan del derecho de prioridad de compra de dicha parte por el precio que se vende y a las demás condiciones iguales. Esta norma tiene por objeto ofrecer a estos la posibilidad de que conserven la propiedad en sus manos. Pero si no consideran necesario hacer uso de tal derecho, el vendedor puede vender su parte a cualquier persona. La ley fija un plazo para ejercer este derecho. Cuando se trata de una casa de habitación si en el curso de un mes, a partir del día en que se recibe la información del vendedor, los otros copropietarios no ejercen su derecho de prioridad de compra, se considera que ellos renuncian a él. Cuando se trata de otro bien, tal plazo no pasa de 10 días.

La cuestión del derecho de prioridad de compra se resuelve fácilmente, si los copropietarios son dos, y uno de ellos vende su parte. En este caso, el otro copropietario goza del derecho de prioridad de compra y, al ejercerlo, se convierte en propietario único de toda la cosa.

Otra cosa es si el bien de propiedad personal pertenece a varias personas. En este caso el derecho de prioridad de compra se ejerce según su determinación conjunta. Pueden ponerse de acuerdo para que uno de ellos, haciendo uso de dicho derecho, haga la compra y, como resultado de ello, aumente su parte. También pueden acordar adquirir conjuntamente la parte que se vende, pagando su importe por partes iguales y dividiéndola en la misma forma.

Si un partícipe de la propiedad común vende su parte violando el derecho de prioridad de compra (por ejemplo, sin informar por escrito a los otros copropietarios, o no esperar el vencimiento del plazo establecido, o no venderla a otro copropietario a pesar de haber declarado este su acuerdo de comprarla), el otro copropietario, durante tres meses, tiene derecho de exigir por vía judicial que se le otorgue el derecho y los deberes de comprador.

La ley establece que al vender la parte violando el derecho de prioridad de compra, el otro copropietario (o copropietarios) puede exigir que se le otorgue el derecho y los deberes de comprador. Pero ocurren casos en que la venta de la parte no se ha llevado a cabo hasta el fin y el vendedor desiste de ella. ¿Es necesario en este caso trasladar su parte por vía administrativa a los otros propietarios?

La práctica judicial parte de la protección justa tanto de los intereses del partícipe que desea vender su parte como de la de los otros copropietarios. Si la persona que vendía su parte violando el derecho de prioridad de compra por causas respetables desiste de la venta, no la obligan, como regla, a vender su parte a los otros copropietarios.

El ciudadano B., que junto con su hermano era propietario de una casa de habitación, decidió irse a trabajar a otra ciudad. Concluyó un contrato de venta de su parte con el ciudadano K., sin dar cumplimiento a la exigencia de informar por escrito al otro copropietario. Este ultimo entabló una demanda para que le otorgaran derecho de propiedad sobre la parte obligándose a pagar su precio. El comprador, ciudadano K., no había ocupado todavía la parte de la casa que había comprado.

Mientras que se ventilaba el litigio en el tribunal, las cosas cambiaron esencialmente. El ciudadano B., como resultado de un accidente automoviliario, murió. La viuda del finado no quería cambiar de domicilio y prefería quedarse en su casa.

El tribunal, en vista de esta circunstancia, anuló el contrato de venta de la parte al ciudadano K., sobreseyendo también la demanda entablada por el hermano del finado para que le adjudicaran la parte, conservándola para la viuda como su heredera.

El derecho de prioridad de compra se refiere a la compra y venta de la parte. En este caso se protegen los intereses de los otros partícipes de la propiedad común y no se afectan en nada los intereses del vendedor de la parte. Este recibe de los otros copropietarios el mismo valor y vende la parte en las mismas condiciones en que la vendería a un particular.

Pero ocurre a veces que un copropietario no vende su parte sino desea regalarla o cambiarla. En este caso, él puede disponer de la parte según su parecer. Aquí los otros copropietarios no pueden remplazar a la persona a la cual aquél desea regalar su parte; tampoco pueden ofrecer el bien por el cual dicho partícipe de la propiedad común tiene la intención de cambiar su parte. En estas condiciones se da la prioridad al partícipe que dispone de su parte.

Cada uno de los copropietarios de la propiedad común tiene derecho de exigir la separación de su parte de la propiedad común. El modo de hacer esta separación se determina por acuerdo de las partes. Como regla, la propiedad debe dividirse en partes en tanto que esto sea posible sin perjudicar notoriamente su función económica. Si no se pueden observar estas condiciones, tal división es imposible. En ese caso, al copropietario que se separa se le da una compensación en dinero. Si los partícipes de la propiedad común no llegan a un acuerdo sobre el modo de dividirla, los tribunales se encargan de resolver este problema cuando cualquiera de los copropietarios entabla la demanda correspondiente.

2. Propiedad conjunta común de los esposos

En los Fundamentos de la legislación de la URSS y de las repúblicas federadas sobre el matrimonio y la familia se establece que la solicitud por la familia soviética, en la cual se compaginan armónicamente los intereses personales y sociales de los ciudadanos, es una de las tareas más importantes del Estado soviético.

En la Unión Soviética han sido creadas las más favorables condiciones para el fortalecimiento y prosperidad de la familia. La sociedad socialista se esmera en proteger y estimular la maternidad y en asegurar la felicidad de la infancia. El trabajo de la mujer-madre lo estima tan altamente el Estado que la orden de la «Madre-heroína» es una de las condecoraciones más preciadas en el país. Con ella se honra a las madres de 10 hijos, que los han criado y educado; a las madres de 6 hijos o más se honran con la orden de la «Gloria maternal», que es también una de las más altas condecoraciones. Las familias que educan cuatro y más hijos reciben una ayuda material por una sola vez, en forma de subsidio. El Estado y la sociedad ayudan por todos los medios a la familia en la educación de los hijos. En el capítulo I hablamos ya del derecho a recibir ayuda para educar los hijos como derecho subjetivo de los ciudadanos.

Considerable importancia tiene el hecho de que en la vida social y familiar soviética se garantice la plena igualdad del hombre y la mujer. Esta es una de las disposiciones fundamentales de la Constitución de la URSS, garantizada por el régimen económico y político de la sociedad soviética. En la práctica esta igualdad se expresa en que la mujer recibe la misma preparación que el hombre para el trabajo calificado. Desde la infancia los niños y las niñas se educan en una conciencia idéntica de la necesidad del trabajo social útil, de la igualdad del hombre y la mujer. En la conciencia de las gentes soviéticas se ha enraizado profundamente el hábito de que la mujer ocupa en la actividad social la misma posición que el hombre.

La plena igualdad del hombre y la mujer se observa también rigurosamente en la remuneración del trabajo. Para la inmensa mayoría de los ciudadanos soviéticos es completamente incomprensible que por la ejecución de un trabajo igual en cantidad y calidad se pague una remuneración distinta, en dependencia de si ha sido ejecutado por un hombre o por una mujer. La igualdad se observa rigurosamente también en las posibilidades de la promoción a un trabajo más calificado y complejo en las distintas esferas de la producción material, la ciencia y la cultura.

La plena igualdad del hombre y la mujer determina también el carácter de la familia soviética. La familia soviética se funda en libres sentimientos de amor, amistad y respeto recíprocos, ajenos a todo cálculo material. Un deber importantísimo de la familia es la educación de los hijos, en combinación orgánica con la educación social, en el espíritu de la fidelidad a la Patria, de la actitud comunista hacia el trabajo, preparándolos para que participen activamente en la construcción de la sociedad comunista.

Una de las tareas de la legislación soviética, determinada en el Artículo 1 de los Fundamentos de legislación sobre el matrimonio y la familia, es también la educación del sentimiento de responsabilidad ante la familia.

Así pues, lo fundamental en las relaciones familiares son las relaciones personales de los esposos, las relaciones que se refieren a la educación de los hijos. Las relaciones de propiedad en la familia tienen un carácter subordinado.

Desde los primeros días del Poder soviético la ley abolió la práctica de vincular el matrimonio con uno u otro tipo de recompensa. En ciertos casos incluso estableció sanciones penales para las tentativas de este género. El derecho soviético no conoce, pues, el concepto de dote. Las formas de rescate por la novia *(kalym)*, el rapto de la novia con la recompensa posterior en dinero, que existían en algunas repúblicas federadas, se castigan por el Código penal.

Como regla, ambos esposos participan de igual manera en la vida social, reciben salario, estipendio, pensión u otros tipos de sostenimiento. Si uno de los cónyuges no trabaja, pero atiende la economía doméstica, vela por los hijos, es decir, se ocupa en los quehaceres del hogar, entonces, como veremos más adelante, su trabajo también lo estima altamente la sociedad.

Lo mismo que en la Constitución, en todos los actos legislativos que regulan las más variadas esferas de relaciones —de trabajo, civiles, familiares, koljosianas, de pensión y otras— en forma rigurosísima se garantiza la plena igualdad de derechos del hombre y la mujer. Todo esto halla su reflejo, en particular, también en el establecimiento del régimen de propiedad de los esposos.

Los Fundamentos de la legislación sobre el matrimonio y la familia disponen que los bienes adquiridos por los esposos durante el matrimonio son propiedad conjunta común suya. De esto se desprende que los bienes que pertenecían a cada uno de los cónyuges antes de contraer matrimonio continúan siendo después de celebrado este de su propiedad personal, y el cónyuge puede usarlos, poseerlos o disponer de ellos según su parecer. Son también propiedad personal de cada uno de los cónyuges los bienes que reciban durante el matrimonio en calidad de regalo o herencia. Por ejemplo, si la ciudadana A., después de casada, recibió como herencia de su padre, al fallecer este, una colección de cuadros, esta se considera de su propiedad personal y no como un bien común de la familia. Esta disposición se refiere en igual medida a ambos esposos.

De manera que la ley establece que los bienes conjuntos son aquellos adquiridos por los cónyuges (principalmente con su trabajo) durante el matrimonio. Pero pueden tener también otro origen. Por ejemplo, el documento de una donación o un testamento pueden ser hechos en favor de ambos esposos. En este caso esos bienes se consideran como propiedad común de la familia.

Los esposos tienen igual derecho de posesión, uso y disposición de los bienes comunes de la familia. No tiene importancia a nombre de quién están legalizados los bienes, por cuenta del salario de quién fueron adquiridos. Por ejemplo, los esposos acuerdan que uno de ellos coloque el salario que recibe en una caja de ahorros, y que todos los gastos corrientes de la familia se cubran con el salario del otro cónyuge. Aunque el depósito en la caja de ahorros haya sido hecho a nombre de uno de los esposos, se considera un bien común de la familia. Si con fondos de ese depósito se compra un automóvil, una obra de arte o cualquier otro objeto, esto representará también un bien común de la familia.

En la práctica judicial surgen a veces controversias en torno a que uno de los cónyuges, al comprar una casa durante el tiempo del matrimonio, la registra a su nombre. Cuando las relaciones de los esposos se estropean, aquél a cuyo nombre la casa fue adquirida exige que esta se reconozca como de su propiedad personal. Sin embargo, la práctica judicial, en conformidad con la ley, aplica consecuentemente la disposición de que, independientemente de a nombre de quien esté registrada la casa, ella representa en tal caso un bien común.

Los bienes así adquiridos se convierten en propiedad conjunta común de los esposos, independientemente de quién haya realizado el acto de la compra. Si al hacer el negocio, como resultado del cual se adquiere un bien, en calidad de parte interviene uno de los esposos, se supone que él actúa también en nombre del otro cónyuge y con su consentimiento.

Ocurre a veces que la citada disposición se aplica también cuando la familia se ha deshecho. Por ejemplo, si durante el estado matrimonial los esposos adquirieron billetes de lotería, y después de suspenderse el matrimonio resulta que uno de los billetes salió premiado, la suma del premio se reconoce como propiedad común y se incluye en los bienes comunes que deben dividirse.

Los esposos gozan de derechos iguales sobre los bienes, independientemente de que uno de ellos gane mayor salario que el otro. La ley establece derechos iguales de los esposos sobre los bienes también en el caso cuando uno de ellos se ocupa de atender la economía doméstica, del cuidado de los hijos o por otras causas justificadas no dispone de salario independiente. En esta disposición de la ley se expresa el alto humanismo del derecho soviético, la estima por el trabajo en la familia.

Los bienes se consideran comunes independientemente de si los esposos viven juntos o por unas u otras causas viven en localidades distintas.

El ciudadano A. vivía en la región del Extremo Norte. Por el estado de salud, a su pequeño hijo no le convenía vivir allí; la madre tuvo que domiciliarse con el niño en Ucrania. Sin embargo, los bienes adquiridos por el marido, incluso un depósito considerable que tenía en la caja de ahorros, fueron reconocidos como propiedad común de la familia.

Todas las atribuciones de propietario con respecto a los bienes comunes de la familia se ejercen por acuerdo mutuo. La ley, como regla, no exige poderes especiales para que uno u otro cónyuge lleve a cabo un negocio. Solo en casos especiales, cuando la realización del negocio tiene importancia vital para las relaciones de propiedad en la familia, la ley exige el consentimiento obligatorio de ambos esposos. Esto se refiere ante todo a la enajenación de la casa, a su compra y venta, lo mismo que a otras transacciones: donación, cambio, etc. Por cuanto todas las transacciones con respecto a las casas se realizan en una notaría (o se registran en el Soviet rural), para llevarlas a cabo, si se realizan por uno de los esposos, se requiere el consentimiento por escrito del otro. En otros casos, para disponer de un bien común —compra, venta, reparación, cambio o donación— no se requiere consentimiento por escrito suponiéndose que el cónyuge obra de acuerdo con el otro.

Las exacciones a costa de los bienes comunes pueden hacerse solo por aquellas deudas ocasionadas por gastos generales de la familia. Cuando se trata de deudas personales de uno de los esposos la exacción puede hacerse de su propiedad personal o de su parte en los bienes comunes. En este caso la parte puede ser valuada en especie o en dinero.

La ley soviética le reconoce carácter común a la propiedad familiar solamente con respecto a los bienes de los esposos. La propiedad de los hijos no se incluye en la propiedad común. Generalmente, los hijos crecen y se educan en el seno de la familia y la cuestión de a quién de ellos pertenece un bien no surge, por cuanto hasta que llegan a la mayoría de edad su sostenimiento corre por cuenta de los padres. Posteriormente, su salario o estipendio, así como los objetos que adquieran con estos dineros son de su propiedad personal. Esto se refiere también a aquellos menores de edad (de 15 a 18 años) que pueden devengar salario, recibir derechos de autor, etc.

Son posibles a veces los casos en que un menor de edad posee bienes. Por ejemplo, cuando el abuelo designa al nieto en su testamento como heredero de una casa de campo; o un pariente u otro miembro de la familia hace un depósito en una caja de ahorros a nombre de un menor de edad. En estos casos la propiedad del menor de edad no se incluye en los bienes comunes de la familia. Los padres, como tutores legales, garantizan la conservación de esta propiedad y la entregan a su propietario al llegar este a la mayoría de edad. La familia puede usar estos bienes, pero en ningún caso convertirlos en propiedad común. La casa de campo recibida por el menor de edad como herencia del abuelo puede ser usada para el descanso de toda la familia, pero los padres aquí actúan solo como tutores y están obligados a mantener en buen estado la propiedad y a conservarla.

Durante la existencia del matrimonio la propiedad adquirida conjuntamente es única. Sin embargo, puede surgir la necesidad de separar de ella una parte, conservándose el matrimonio, si para cubrir la deuda personal de uno de los cónyuges —por decisión judicial— la propiedad personal de este no alcanza y entonces la exacción hay que hacerla de la parte que le corresponde al cónyuge deudor en los bienes comunes.

La ciudadana C. llevaba un género de vida liviano, gastaba el dinero en forma irresponsable, había recibido un préstamo en la caja de ayuda mutua, debía dinero a otras personas y compraba cosas a crédito y no las pagaba. Para cubrir esas deudas la exacción se hizo a costa de su propiedad personal y de una parte de los bienes comunes de la familia. Poco tiempo después de esto el matrimonio se disolvió. Al resolverse la cuestión de la división de bienes, la ciudadana C. exigía la mitad de la propiedad familiar. El tribunal, con toda justicia, dijo que la parte de ella ya había sido separada y que lo que había quedado era la parte del otro cónyuge.

De la parte de uno de los esposos en la propiedad común puede hacerse la exacción también para pagar los daños causados por él, así como el resarcimiento por decisión judicial de la pérdida por robo, malversación o usurpación de la propiedad social.

La división de bienes se hace en caso de muerte de uno de los cónyuges, o al disolverse el matrimonio. La división en caso de muerte de uno de los esposos se debe a la necesidad de determinar la propiedad que se hereda. Pero si el cónyuge que enviuda es el único heredero por ley o por testamento, no es necesario, claro está, dividir los bienes. En la práctica se ha hecho habitual que, en caso de muerte de uno de los cónyuges, si ha dejado herederos mayores de edad aptos para trabajar, estos no exigen la división de los bienes de la familia y se los dejan al otro cónyuge íntegramente. Esto concuerda con las normas morales de la sociedad soviética. Por eso, la cuestión de dividir los bienes surge ante todo cuando se disuelve el matrimonio.

Como ya dijimos, la ley arranca de la igualdad de derechos de los esposos sobre los bienes adquiridos durante el matrimonio, por esa razón las partes de estos, como regla, se conocen como iguales. Además, no se toma en cuenta la medida en que uno u otro de los esposos haya participado en la adquisición de los bienes. Sin embargo, en algunos casos los tribunales pueden hacer excepción de la regla sobre la igualdad de las partes, teniendo en cuenta los intereses de los hijos menores de edad o los intereses de uno de los esposos que merecen ser tenidos en cuenta. En particular, la parte de uno de los esposos puede ser aumentada si el otro eludió el trabajo social útil o gastó la propiedad común en detrimento de los intereses de la familia.

La ciudadana O. estaba casada legalmente pero el matrimonio fue un fracaso. El marido casi siempre estaba ausente y no le prestaba a la familia ayuda alguna. La esposa había educado a los hijos, trabajaba y con los ahorros y la ayuda de un crédito había construido una casa. Algún tiempo más tarde, en el juicio de divorcio, el «marido» exigió que la casa fuera dividida. El tribunal, teniendo en cuenta todas las circunstancias del asunto, reconoció que la casa era propiedad de la esposa.

El ciudadano I. murió, dejando hijos menores de edad del primer matrimonio. Al determinar la parte del finado en los bienes conjuntamente adquiridos durante el segundo matrimonio, su segunda esposa exigió que a este le asignaran la mitad de todos los bienes. Sin embargo, el tribunal estableció que el ciudadano I., que era un gran especialista, había adquirido, durante el tiempo del segundo matrimonio, con dineros de su salario todos los bienes. Su segunda mujer, joven y apta para trabajar, no había trabajado en ninguna parte, ni tenía hijos, ni atendía la economía del hogar (todas las faenas de la casa recaían sobre la madre del finado). El tribunal resolvió con toda justicia que, en tales circunstancias, la esposa no tenía derecho a la mitad de los bienes adquiridos.

Al establecer las circunstancias concretas del asunto, el tribunal puede entrar a considerar la cuestión de a cuenta de qué fueron adquiridos los bienes comunes. Si establece que los bienes fueron adquiridos con recursos pertenecientes a uno de los cónyuges antes de haberse celebrado el matrimonio, puede ser reconocida como propiedad conjunta si se demuestra que se conservó gracias a que el otro cónyuge invertía sus ahorros personales para solventar las necesidades comunes de la familia.

La disposición de la ley que protege los intereses de los hijos menores de edad, al determinar las partes en los bienes familiares, tiene una importancia esencial. La ley salvaguarda los intereses de los niños, la creación de las condiciones más favorables para su vida y educación. Por eso, al dividir la propiedad se tienen en cuenta las condiciones reales concretas de cada caso.

Al dividir los bienes de familia adquiridos por el ciudadano E. y su esposa, la parte principal consistía en una casa confortable en buen estado, con huerto frutal e instalaciones económicas. El ciudadano E. abandonó el hogar; en la casa quedó la esposa con tres hijos menores de edad. El tribunal realizó la división de los bienes. A la esposa le dejó, con toda justicia, la casa con el huerto y todas las instalaciones auxiliares, por cuanto este era el lugar habitual de residencia de los niños, allí había todas las condiciones para cuidar de ellos y educarlos. El hecho de que la parte de la esposa resultó ser mayor que la del marido, fue fundada en que precisamente con tal división se protegían los intereses de los niños. No encajaba en las normas de la moral soviética exigirle a la esposa en este caso una compensación. Dicha resolución estaba basada en la ley, pues esta señala que el tribunal puede hacer una excepción de la regla sobre la igualdad de las partes de los esposos solo «en casos particulares», lo que indica que el tribunal debe fundar su decisión detallada y fundadamente, como en efecto lo hizo aquí.

El derecho que se le otorga al tribunal para determinar la parte de cada uno en los bienes comunes tiene la finalidad de tener en cuenta las circunstancias concretas de cada asunto por separado. Además, el tribunal determina no solo las partes de los cónyuges, sino también la adjudicación correcta de uno u otro bien a la propiedad común de los esposos o a la propiedad personal de cualquiera de ellos. Para esto el tribunal aclara el origen de los bienes, las condiciones concretas de su uso.

En la composición de los bienes comunes de los esposos entran también los depósitos hechos a nombre de cualquiera de ellos en las cajas de ahorros y en otras instituciones de crédito durante el estado matrimonial. Por regla general tales depósitos están amparados por el secreto bancario. Las exacciones forzosas sobre ellos pueden hacerse solo por la vía de resolución judicial o de los órganos de investigación de asuntos criminales. Sin embargo, se prescinde de él: cuando el depósito ha sido colocado en la caja de ahorros o en otra institución de crédito a nombre de uno de los esposos, siendo un bien conjunto de estos. De él pueden hacerse exacciones o dividirse por resolución de un tribunal. Esta disposición tiene gran importancia para aplicar la regla general de que los bienes adquiridos durante el matrimonio son propiedad conjunta de los esposos.

Con respecto a la división de los bienes de familia surge la cuestión del destino de las cuotas pagadas a las cooperativas de construcción de habitaciones, casas de campo, sociedades horticultoras, etc. La participación en una organización cooperativa se considera derecho personal del miembro de dicha organización. Sin embargo, las cuotas tienen un determinado valor de propiedad y en esta condición se incluyen en los bienes sujetos a división. Además, vital importancia tiene la posibilidad de dividir para uso de cada uno de los esposos una habitación separada (pieza o apartamento). Si la habitación puede dividirse, se hace la división de las cuotas y de la habitación. En este caso, el esposo que no figuraba como miembro de la cooperativa debe ser admitido en ella y a su nombre se registra la habitación que ha recibido en el reparto. Si la habitación no puede ser dividida, el tribunal no procede a la división de las cuotas. En este caso, el esposo que queda siendo miembro de la cooperativa y por ende propietario de las cuotas, debe recompensar al otro cónyuge con la suma equivalente a su parte en las cuotas. Es posible también una solución así: dejándole toda la suma de las cuotas al esposo miembro de la cooperativa, recompensar al otro esposo con otros bienes que formen parte de la propiedad común.

La cuestión de las cuotas pagadas a una sociedad horticultora se resuelve de otra manera. En estos casos puede tratarse solo de resarcir una parte determinada de los gastos, y no de la división de la parcela y de las obras temporales hechas en la misma. Los litigios sobre la explotación de las parcelas en el huerto colectivo no son de jurisdicción de los tribunales y por eso la cuestión de a cuál de los esposos divorciados se le conserva el derecho de utilizar la parcela se resuelve por la administración de la empresa u organización conjuntamente con el comité sindical. Los gastos para el laboreo de la parcela, que hayan sido hechos con fondos de los bienes comunes, son indemnizados por el esposo que conserva el derecho de explotar la parcela.

Al dividir los bienes surge también la cuestión de cuáles objetos se incluyen concretamente en la propiedad personal de los cónyuges y por lo tanto no se dividen. Como ya dijimos, en la propiedad personal de cada uno de los esposos se incluyen los bienes que cada uno de ellos poseía antes de contraer matrimonio, así como los bienes recibidos como regalo o herencia durante el estado matrimonial. Se incluyen en la propiedad personal y no están sujetos a división los objetos de uso personal: ropa, calzado, ciertos instrumentos musicales etc. Aunque hayan sido adquiridos con fondos de propiedad común durante la existencia del matrimonio, pero se reconocen como propiedad personal del cónyuge que los usa. De esta norma quedan excluidas las joyas y otros objetos de lujo. Teniendo en cuenta el alto valor de estos bienes y el hecho de que ellos no son objetos de uso indispensables, la ley los incluye entre los bienes comunes que deben dividirse.

La propiedad personal de un cónyuge puede ser reconocida como propiedad conjunta común, si se establece que durante el matrimonio se hicieron inversiones que aumenten considerablemente el valor de la misma, por ejemplo, reparación general, terminación de la obra, reequipamiento, etc.

El ciudadano G. tenía una pequeña casa de propiedad personal, que estaba casi en ruinas. El vivía en otra localidad. Después de casado se trasladó con su esposa a vivir en esta casa y en el curso de varios años fue reconstruida, el área habitable casi se duplicó y se le agregaron instalaciones auxiliares. Todos estos trabajos fueron ejecutados por ambos esposos.

Después de la muerte del ciudadano G. su hijo, del primer matrimonio, exigió incluir como herencia toda la casa, con sus instalaciones auxiliares, basándose en que la casa, desde antes del matrimonio, era propiedad de su padre. Tomando como punto de partida las circunstancias concretas del asunto, el tribunal, con fundamento pleno, llegó a la conclusión de que en la casa se habían invertido recursos considerables, y que la esposa con su trabajo había participado en su reconstrucción y equipamiento. Por lo tanto, se reconoció como un bien común de la familia y se le dejó a la viuda para vivienda. Al hijo se le pagó una compensación por la parte del finado.

3. Propiedad conjunta común de los miembros del hogar koljosiano

En el capítulo I nos detuvimos en las causas que condicionan las particularidades del hogar koljosiano como sujeto de derecho de propiedad personal.

Las particularidades del régimen jurídico del hogar koljosiano están relacionadas con las condiciones de la producción koljosiana, así como con ciertas tradiciones, con la herencia del hogar koljosiano *y* del hogar campesino como unión laboral familiar. Indudablemente, con el desarrollo de la producción koljosiana, con la aproximación gradual de las formas de pago del trabajo en los koljoses y en las empresas agrícolas estatales, con la aproximación de las condiciones de vida en la ciudad y en el campo también se debilitan, se borran las particularidades de las relaciones en el hogar koljosiano. Pero como estas relaciones están ligadas con la vida cotidiana, con hábitos muy enraizados, sería dudosa la conveniencia de cambiar bruscamente por medios jurídicos el régimen que se ha mantenido. Esto mismo se logra gradualmente, en el proceso del desarrollo cotidiano. En la vida real, las relaciones en el hogar koljosiano auxiliar y en la familia de los obreros y empleados, que viven en la aldea, gradualmente se aproximan. Sin embargo, en la ley y en la práctica se conservan todavía algunas particularidades.

El hogar koljosiano es una unión laboral familiar, cuyos participantes están ligados con la producción koljosiana y disponen de una economía auxiliar mediante la explotación de una parcela que se les otorga en usufructo. El hogar koljosiano se basa ante todo en relaciones familiares, en relaciones de matrimonio, parentesco y cuñadía. Sin embargo, son posibles los casos en que entre los integrantes del hogar koljosiano se hallen personas no ligadas por tales relaciones. Por ejemplo, en la familia koljosiana se casa un hijo, este trae a su esposa de otra localidad y durante cierto tiempo viven junto con los padres. Luego se divorcia de la esposa y se marcha a otro lugar. Entre la mujer divorciada y los padres de su antiguo marido no hay ningunas relaciones de parentesco, pero si ella se ha quedado a vivir allí con ellos, la economía sigue siendo común y por lo tanto se considera miembro de tal hogar.

Miembro de este hogar puede ser también el hijo de vecinos, que ha quedado huérfano, o cualquier otra persona por una causa u otra. El rasgo principal, que caracteriza la participación en el hogar koljosiano, es el domicilio conjunto y el trabajo común en la hacienda, así como la participación en la producción del koljós. Esta última exigencia no se refiere a todos los miembros de la hacienda. Por lo general, dos o tres miembros de este son miembros del koljós y participan en su producción, los otros pueden estudiar, o trabajar en una empresa del Estado, en el almacén de la cooperativa de consumo, etc. El hogar se considera koljosiano si aunque sea uno de sus integrantes pertenece al koljós. El hogar koljosiano comprende a todos los que en él viven conjuntamente, incluso los hijos menores de edad y las personas de edad proyecta incapacitadas para trabajar. La exigencia de participar en la producción de koljós se comprende, puede obligar solo a las personas aptas para trabajar.

Como dejamos ya sentado, los miembros del hogar koljosiano no solo son partícipes de la propiedad conjunta común del hogar, sino también poseen bienes de propiedad personal. Además, si entre los integrantes del hogar hay esposos, estos, fuera de participar en la propiedad del hogar y de los bienes de su propiedad personal, son también partícipes de la propiedad conjunta común sobre los bienes adquiridos en el matrimonio, que no pertenecen a los bienes del hogar koljosiano.

Debido al crecimiento del bienestar de la población campesina, a la remuneración más elevada del trabajo en el koljós, la economía auxiliar de la parcela aneja a la casa ocupa cada vez un papel más secundario en los ingresos de los miembros del koljós, ella tiene sobre todo un carácter de consumo; se eleva considerablemente el peso relativo de la propiedad personal de los miembros del hogar y de la propiedad conjunta común de los esposos (miembros del rogar koljosiano). De modo que con los dineros recibidos por su trabajo en la economía social (en el koljós) los miembros del hogar compran para su uso personal automóviles, motocicletas, buenos muebles, cámaras fotográficas, filmadoras, televisores, etc. También sostienen los bienes del hogar, amplían y terminan la construcción de la casa, levantan instalaciones auxiliares y mejoran la parcela.

La parcela aneja a la casa en la cual se explota la economía auxiliar del hogar koljosiano se otorga por resolución de la asamblea general de los miembros del koljós, tomándola de las tierras que a este le han sido adjudicadas. Al conceder la parcela y establecer su tamaño, la asamblea general tiene en cuenta el número de miembros de la familia del koljosiano, miembros del hogar koljosiano, su participación laboral en la economía social del koljós. Al mismo tiempo, el koljós manifiesta una gran solicitud por las familias y los hogares koljosianos en los cuales han quedado miembros de estos incapacitados para trabajar y menores de edad. A ellos se les presta ayuda ante todo para el laboreo de la parcela, la reparación de las instalaciones y de la casa, etc.

El hogar koljosiano aparece como sujeto único de derecho, participante en distintas relaciones: fiscales, de seguros e interno-koljosianas. Jurídicamente se formaliza por medio de registro en el libro administrativo del Soviet rural. Allí se indica la composición personal del hogar, se anotan los cambios ocurridos en él y se señala al jefe del mismo (dueño de casa).

Las relaciones entre los miembros del hogar koljosiano, incluyendo al jefe de este, se basan en la plena igualdad de derechos. El jefe del hogar koljosiano goza de los mismos derechos sobre los bienes de este que los demás miembros. El no goza de ventajas o privilegios de ninguna especie. Solo en las relaciones del hogar koljosiano con otros sujetos, actúa él como representante legal del mismo. A su nombre se formalizan las obligaciones fiscales; hace contratos para asegurar los bienes del hogar koljosiano e interviene en otros negocios relacionados con la administración de la economía auxiliar (contrata la adquisición de los aperos necesarios, las reparaciones, los trabajos de construcción, etc.).

Jefe del hogar koljosiano (dueño de casa) puede ser cualquiera de los miembros mayores de edad de este: el padre de familia, la madre, cualquiera de los hijos jóvenes, de las hijas, la yerna o el yerno. En una palabra, todo aquel que, según las relaciones reinantes en la familia, pueda representarla mejor.

La propiedad conjunta de los miembros del hogar koljosiano se diferencia esencialmente de la propiedad común copartita. La parte de los miembros de aquel se determina solo en los siguientes casos, establecidos por la ley:

1) cuando un miembro del hogar deja de ser parte integrante de este en virtud de su retiro sin que se forme un nuevo hogar (separación),
2) cuando de un hogar se forman dos o más hogares (división),
3) cuando obra una exacción por obligaciones personales del miembro del hogar sobre su parte en los bienes del mismo.

Con excepción de estos casos, no se determinan las partes de los miembros del hogar, los bienes de este son propiedad conjunta de aquéllos. La posesión, uso y disposición de los bienes del hogar koljosiano se realizan por común acuerdo de sus miembros. Si en el ejercicio de la posesión, uso y disposición de los bienes surge un litigio entre los miembros del hogar koljosiano, cualquiera de estos, que haya cumplido 16 años, puede entablar demanda y el tribunal se encarga de resolverlo. Los miembros del hogar, de 15 a 16 años, entablan ellos mismos tales demandas, con el asentimiento de sus padres o tutores, pero las demandas para defender los intereses de adolescentes menores de 15 años las incoan sus padres o tutores.

Por los negocios realizados por el jefe del hogar koljosiano responde este con sus bienes, por cuanto se supone que dichas transacciones se realizan en interés del hogar. Sin embargo, cuando se establece, por las circunstancias del negocio, que este fue hecho en interés personal del jefe del hogar, este debe responder con sus bienes personales y con su parte en los bienes del hogar.

Los otros miembros del hogar, como regla, responden por sus obligaciones con sus bienes personales y con su parte en los bienes del hogar. Mas si de las circunstancias del negocio se desprende que fue hecho en interés del hogar, este debe asumir la responsabilidad.

Por ejemplo, un miembro del hogar koljosiano compra a crédito una casa desarmable para agregarla a la casa de vivienda. En este caso, como la casa con todas sus dependencias es propiedad del hogar koljosiano, este puede tomar a su cargo el pago de dicho crédito.

La exacción para indemnizar un daño, causado por la acción delictiva de un miembro del hogar, puede ser hecha solo de su propiedad personal y de su parte en los bienes comunes.

Por ejemplo, si un joven koljosiano, que está probando su motocicleta, de manera imprudente se acerca a un rebaño de ganado y choca con los animales hiriendo algunas vacas y terneros, la indemnización del daño causado por él puede ser cubierta solo con su propiedad personal, y si ella no es suficiente, entonces su parte en los bienes comunes debe servir también para indemnizar el daño.

En la práctica, la exacción de la parte en los bienes comunes se realiza muy rara vez, porque los miembros del hogar tienen garantizado un salario estable con el cual pueden responder en tales casos.

Otra cosa es si la exacción a costa de los bienes se impone por sentencia de un tribunal, cuando el miembro del hogar ha cometido un delito. Si el tribunal establece que los bienes del hogar fueron adquiridos por medios delictuosos o aumentados con recursos procedentes de estos actos, la exacción puede ser hecha también a costa de los bienes de la hacienda.

El empleado del almacén de una cooperativa de consumo, que fue miembro del hogar koljosiano (en el koljós trabajaban su mujer y su hija) ha sido despedido por engañar al público en las pesas y medidas y sentenciado a un castigo penal. El tribunal estableció que la nueva casa, las instalaciones auxiliares y el ganado fueron adquiridos con fondos provenientes de esas acciones delictuosas. En este caso el tribunal tenía fundadas razones para hacer la exacción de los bienes que habían sido adquiridos como resultado de tales delitos.

El tamaño de la parte de un miembro del hogar se establece partiendo de la igualdad de las partes de todos los miembros de este, incluyendo a los menores de edad y a los incapacitados para trabajar. La parte de un miembro apto para trabajar puede ser disminuida si se establece que permaneció poco tiempo como miembro del hogar, o que su participación laboral o de medios de su peculio en el mismo fueron insignificantes.

En estas disposiciones de la ley se compagina la protección de los intereses de los menores de edad y de los incapacitados para trabajar con el principio de la participación laboral, pero este se aplica solo a los miembros del hogar aptos para trabajar.

Cuando uno o más miembros dejan de pertenecer al hogar koljosiano, la separación de sus partes debe producirse, como regla, en especie, pero procurando no privarlo de las instalaciones, ganado y aperos necesarios para su explotación. Si no es posible hacer la división así, entonces el valor de las partes se paga en dinero.

Al dividirse el hogar koljosiano sus bienes se reparten entre los nuevos hogares que se forman, de acuerdo con las partes de sus miembros y teniendo en cuenta las necesidades de cada uno de los hogares. Gozan del derecho a exigir la separación de bienes, al dejar de ser miembro de la hacienda, los miembros que hayan cumplido 16 años. Los que tengan de 15 a 16 años pueden hacer esa exigencia con el asentimiento de sus padres o tutores. En cuanto a los que no han alcanzado los 15 años, esta gestión corresponde a sus padres o tutores.

Tienen derecho de exigir la división del hogar koljosiano, los miembros mayores de edad, que forman parte del koljós dado, porque al dividirlo se crea un nuevo hogar, pero crear este solo pueden los miembros del koljós.

Si un miembro del koljós, apto para trabajar, no participa durante tres años seguidos ni con su trabajo ni con sus recursos en el hogar koljosiano, pierde su derecho a la parte en los bienes de este. Esta disposición no se aplica si el miembro del hogar deja de participar en su economía por haber sido llamado al servicio militar, o por estudiar en una institución docente, o por estar enfermo.

CAPÍTULO IV

OBJETOS DE DERECHO DE PROPIEDAD PERSONAL

Objetos de derecho de propiedad personal, como también de otras formas de propiedad, son las *cosas.* Por cosas se comprenden los objetos materiales exteriores, que pueden pertenecer a personas individuales o a colectividades. Así pues, en derecho pueden considerarse como cosas, por ejemplo: la tierra y los bosques, las fábricas y las minas, la maquinaria, los artículos de consumo, etc. Cosas pueden ser también los dones de la naturaleza: los frutos silvestres, las bayas, la caza menor. Sin embargo, en la sociedad moderna las cosas son objetos creados fundamentalmente por el trabajo del hombre.

En dependencia del carácter de las cosas, de la posibilidad de su uso, de sus cualidades, se determina también la posibilidad de que sirvan como objeto de derecho de propiedad socialista o personal.

Como ya dijimos, en la URSS son exclusivamente propiedad del Estado la tierra, el subsuelo, los bosques y las aguas. Estos elementos no pueden ser de propiedad personal, ni cooperativa, ni propiedad de organizaciones sociales: ellos pueden solamente entregarse para uso y explotación.

Las fábricas, minas, talleres, almacenes y tipografías pueden ser objeto solo de propiedad socialista —tanto estatal, como cooperativa—, y pueden ser propiedad de organizaciones sociales.

Objeto de propiedad personal de los ciudadanos pueden ser las cosas que sirven para satisfacer las necesidades materiales y culturales, es decir, principalmente, los objetos de consumo. Esto está condicionado por el carácter de consumo del derecho de propiedad personal, sobre el cual ya hablamos en el capítulo I.

Las cosas representan un objeto natural del derecho de propiedad personal. Pero la Constitución de la URSS, afianzando el derecho de propiedad personal de los ciudadanos, tiene en cuenta no solo las cosas, sino también la totalidad de bienes materiales, que se denominan *bienes.* En el concepto bienes entran las cosas reales y los derechos de exigencia, que corresponden a la persona dada; lo que se exige de otras personas.

Tal conclusión puede hacerse del texto del Artículo 10 de la Constitución de la URSS, que en el número de los objetos de derecho de propiedad personal incluye los ingresos y los ahorros de trabajo, y estos últimos pueden tener la forma no solo de cosas reales, sino también de derechos de propiedad determinados, que poseen una valuación en dinero y pertenecen al sujeto dado (por ejemplo, derecho sobre el depósito en una caja de ahorros, o en otra institución de crédito, cuota de ingreso en una organización cooperativa o cuota en una caja de ayuda mutua). Desde el punto de vista de la clasificación jurídica estricta, estos derechos de propiedad son derechos de exigencia, que emanan de la condición de miembro cooperado o de otra organización social. Pero, examinando el derecho de propiedad personal como derecho básico de los ciudadanos, es necesario tener en cuenta también aquellos derechos, incluidos en el concepto general de bienes. Más adelante nos detendremos en algunos tipos de estos derechos de propiedad, ahora vamos a examinar la categoría de las cosas.

1. Clasificación de las cosas como objetos de derecho de propiedad personal

Para la caracterización del régimen de derecho de las cosas, para determinar las posibilidades de adquirirlas, el orden de su uso, etc., tiene importancia esencial su clasificación jurídica. El derecho soviético no conoce la división de las cosas en muebles e inmuebles. El régimen de los distintos tipos de bienes depende de otros rasgos.

El principio más importante de la clasificación de las cosas por los rasgos de su función económica es la división en *medios de producción* y *objetos de consumo.* Como ya dijimos, los artículos de consumo pueden ser objeto de propiedad personal, mientras que los medios de producción pueden ser solo objeto de propiedad socialista. Pero, naturalmente, objeto de derecho de propiedad personal pueden ser las herramientas, los utensilios necesarios para mantener en buen estado las cosas domésticas, utilizables en la economía auxiliar, que sirven a veces para actividades que constituyen la afición del dueño. En todos estos casos las herramientas, los utensilios son en realidad, por la función que desempeñan, artículos de consumo, y no medios de producción.

Los campesinos individuales, artesanos no cooperados y personas que se ocupan de ciertos oficios pueden tener los utensilios y los equipos necesarios para el desempeño de su trabajo. En este caso tales artículos tienen una función productiva. La ley limita rigurosamente el tamaño de ese tipo de economía, no permite el empleo de mano de obra asalariada ni su transformación en actividad empresarial privada.

Ni siquiera en la forma más general es posible enumerar los artículos de consumo que pueden ser objeto de derecho de propiedad personal de los ciudadanos. Con el colosal crecimiento de la producción de mercancías de consumo, con el aumento del nivel de satisfacción de las necesidades de los ciudadanos y con el desarrollo de las demandas materiales y espirituales es cada vez mayor el número de cosas que se convierte en objeto de propiedad personal. Sin embargo, en interés de la protección de la sociedad, de la salvaguarda del orden jurídico y de la seguridad de los ciudadanos, ciertas cosas pueden ser objeto de derecho de propiedad personal solo a condición de observar ciertas normas. Entre tales cosas figuran: armas, aparatos voladores, venenos, equipo telegráfico y radiotelegráfico y otros objetos, que por consideraciones de seguridad social y estatal requieren control sobre su empleo. Pueden adquirirse armas de caza observando normas especiales: se venden solo a las personas que pertenecen a la asociación de cazadores, que saben manejarlas y que responden plenamente por sus actos y garantizan que el arma no caiga en otras manos. Al admitir a un ciudadano como miembro de la asociación, esta comprueba minuciosamente si aquél puede usar el arma para cazar, garantizando la seguridad de las personas que lo rodean. El ciudadano puede adquirir también un aparato volador mediante una autorización especial. Una serie de medicamentos y preparados pueden adquirirse solo con receta médica.

Hay cosas que no pueden ser objeto de derecho de propiedad personal con el fin de garantizar la protección de la economía socialista. Como *ya* dijimos, muchas importantísimas necesidades de los ciudadanos (servicio médico, educación, cuidado de los niños y otros) son satisfechas gratuitamente por el Estado, otras necesidades se satisfacen mediante una compensación, pero pagando los ciudadanos solo una pequeña parte de los gastos reales (vivienda, casas de descanso, sanatorios, sostenimiento de los niños en las instituciones infantiles y otros servicios). Finalmente, el Estado regula rigurosamente los precios de los artículos, garantizando la estabilidad de bajos precios para los artículos de primera necesidad (alimentación, libros, billetes de teatro y otros géneros de distracción cultural). Todo esto determina las particularidades de la divisa soviética y condiciona la necesidad del monopolio estatal de las divisas. Por eso el oro, la plata, el platino y los metales del grupo platínico acuñados en moneda, en lingotes y en forma de materia prima, las divisas extranjeras y los documentos de pago en divisas extranjeras, letras de cambio, cheques, giros, etc., así como los valores extranjeros (acciones, obligaciones, cupones) no pueden ser de propiedad personal de los ciudadanos. Esto, naturalmente, no se refiere en modo alguno a los artículos de metales preciosos, utilizados como objetos de arte, adornos, vajillas y de otro género de consumo. En caso de necesidad, por ejemplo, al viajar al extranjero, los ciudadanos pueden adquirir divisas extranjeras de acuerdo con el orden y cantidades establecidos por la ley.

A fin de garantizar la conservación de los objetos que representan un gran valor artístico, científico u otro, pueden establecerse también ciertas limitaciones para su adquisición y un control sobre su empleo. Entre ellos se incluyen: manuscritos, notas, bosquejos, fotografías y otros materiales que tienen un valor histórico o literario, y las obras de arte antiguas. Las personas que poseen en propiedad tales objetos deben garantizar su conservación adecuada. Si desean venderlos, deben ofrecerlos en primer lugar a las correspondientes organizaciones estatales, por ejemplo, a los órganos de la administración de archivos y a los museos.

Nos hemos detenido solo en aquellas cosas que no son con frecuencia objeto de derecho de propiedad personal, respecto a las cuales existen normas especiales para adquirirlas y un control sobre su empleo. Como se desprende de lo dicho, todas las limitaciones examinadas se aplican en interés de la sociedad y, al fin y al cabo, en interés de cada ciudadano.

Todos los objetos restantes de derecho de propiedad personal pueden enajenarse y adquirirse libremente, observando todos los medios lícitos establecidos por la ley, y convertirse en propiedad de cualquier persona. Solo con respecto a algunas cosas (automóviles y casas de habitación) rigen reglamentos especiales que tienen por objeto controlar el uso adecuado de las mismas evitando que se empleen en forma contraria a su función económico-social o que creen una amenaza para la seguridad. Por ejemplo, los reglamentos especiales para la venta de automóviles y el registro de sus propietarios tienen la finalidad de no permitir su manejo a personas que no tienen la licencia correspondiente o que se tallan en un estado que no les permite garantizar el cumplimiento de los reglamentos del tránsito.

Las cosas se dividen en *consumibles y no consumibles.*

En las consumibles se incluyen aquellas que en el proceso de su uso desaparecen por completo (por ejemplo, artículos alimenticios, combustible y fertilizantes).

No consumibles se llaman las cosas que en el proceso de su uso se desgastan gradualmente, conservando su integridad (por ejemplo, automóviles, motociclos, refrigeradores, ropa y muebles).

La importancia de esta división consiste en que algunos actos jurídicos pueden tener como objeto suyo solo cosas consumibles o solo cosas no consumibles. Por ejemplo, el contrato de alquiler de un bien puede ser concluido solo sobre una cosa no consumible, porque el arrendatario, que recibe una cosa para usarla temporalmente, debe devolverla. Los derechos y obligaciones del propietario y el arrendatario están relacionados en este caso con la conservación de la cosa. Otros contratos pueden concluirse solo con respecto a cosas consumibles. Así, según el contrato de préstamo el prestatario consume las cosas que recibe, y en el plazo estipulado se obliga a devolver no la misma cosa, sino otra del mismo género o tipo.

La clasificación de las cosas también tiene importancia jurídica. Ellas se dividen en *divisibles* y *no divisibles.*

Cosa divisible es aquella cuyas partes pueden cumplir las mismas funciones que la cosa en conjunto antes de su división (por ejemplo, un saco de harina, una caja de frutas, etc.).

Las cosas no divisibles al fraccionarlas pierden su destinación primaria (por ejemplo, una lancha de motor, una filmadora, etc.).

La casa de habitación se considera una cosa indivisible. Aunque en ella pueden ser divididas algunas partes utilizables para vivienda, pero otras como la entrada, el tejado, la escalera, etc., son servicios de toda la casa en conjunto. Hay que tener en cuenta que la indivisibilidad de la casa como objeto de derecho de propiedad personal está relacionada con el carácter mismo de la posesión de inmuebles. Las grandes casas de apartamentos en la URSS no pueden ser objeto de derecho de propiedad personal: ellas son casas estatales, de cooperativas o de colectividades. Las casas de propietarios individuales están destinadas, por lo general, para vivienda de sus familias. En algunos casos, estas casas pueden construirse conjuntamente por dos o tres ciudadanos, pero siempre son pequeñas casas que no pueden ser divididas en partes independientes sin perjudicar su función principal.

La calidad de indivisible puede dársele a determinado conjunto de cosas. Por sus calidades físicas cada una de estas cosas podría ser utilizada independientemente, pero, en conjunto, ellas constituyen un objeto único indivisible. Aquí entran, por ejemplo, una vajilla, un juego de té, un juego de muebles o una colección de estampillas.

La divisibilidad o la indivisibilidad de la cosa tiene una importancia jurídica esencial. Al dividir la propiedad común una cosa indivisible no está sujeta a fraccionamiento. Se adjudica a uno u otro de los que participan en la división, pagando el que la recibe, cuando da lugar a ello, la correspondiente compensación en dinero, al otro o los otros partícipes. También puede venderse y los dineros obtenidos repartirse entre los interesados.

Al dividir los bienes de un ciudadano que murió, surgió entre los herederos una disputa en torno a un juego de muebles de caoba del siglo XVIII. El finado era un coleccionista y durante muchos años buscó muebles antiguos de caoba. Una vez que los compraba venía el trabajo de restauración con ayuda de especialistas y al cabo del tiempo logró así restaurar un juego de comedor de una casa señorial del siglo XVIII. Dos de los herederos, que eran lerdos en la materia, querían dividir el juego y que cada uno recibiera su parte. Pero el tercer heredero, que conocía el valor de la colección, se oponía a dividirla, pero no la compraba porque en un apartamento moderno tal juego era un anacronismo.

El tribunal que ventilaba la sucesión decidió que se vendiera el juego de muebles. El museo local lo compró para reproducir el ambiente de una casa señorial del siglo XVIII. Y la respetable suma obtenida de esa venta se repartió entre los herederos.

La indivisibilidad de la cosa tiene importancia también en los vínculos de obligaciones. Por ejemplo, si en la obligación participan unas cuantas personas y el derecho de exigir corresponde a unos cuantos acreedores o la obligación debe ser cumplida por varias personas, entonces de la divisibilidad del objeto de la obligación depende si cada acreedor puede exigir su parte o cada deudor está obligado a cumplir solamente su parte, o si los acreedores o los deudores actúan solidariamente, n este último caso, cualquiera de los acreedores puede exigir el cumplimiento de la obligación total, y luego arreglar cuentas con los otros acreedores, o cualquiera de los deudores, por exigencia del acreedor, está obligado a cumplir la obligación total, y, luego, requerir las partes correspondientes de los otros deudores. La cuestión sobre el carácter solidario o de parte del derecho o de la obligación tiene esencial importancia, pero su solución depende, en particular, de la divisibilidad o indivisibilidad del objeto de la obligación.

Aclaremos esto con un ejemplo. Una valiosa colección de grabados pertenecía a dos hermanos en calidad de propiedad común. Ellos se la vendieron al ciudadano B. Este último pagó el importe de la colección pero los vendedores retardaban su entrega.

En este caso el comprador tiene derecho a exigir de cualquiera de los dos hermanos la entrega de toda la colección —los hermanos son deudores solidarios en la obligación.

Aquél a quien se dirigió la exigencia no puede alegar que el otro hermano no le dio su parte de dinero: esto es un asunto de sus relaciones internas. Por cuanto el objeto de la obligación es indivisible, ellos son deudores solidarios. El objeto de la obligación debe ser entregado al acreedor, y entre ellos arreglarán sus cuentas después.

Si no se tratara de una colección única, sino de grabados varios y sueltos, y el comprador hubiese pagado todo el dinero a uno solo de los hermanos, el otro podría retener la parte de los grabados suya, y el comprador tendría que conformarse con la parte de grabados entregada, quedando con derecho a exigir la devolución del sobrante de dinero por él pagado. Él tendría también derecho a exigir el cumplimiento del contrato en lo tocante a la parte de grabados no entregada, a condición de pagar la suma correspondiente al otro hermano. En este caso, debido a la divisibilidad del objeto de la obligación, esta última sería de parte.

Para ejercer el derecho de propiedad personal tiene igualmente importancia la división de las cosas *por los rasgos que las individualizan* y *por los rasgos genéricos.*

En el primer caso la cosa se individualiza en forma determinada, se distingue de la masa general de cosas homogéneas. Algunas cosas se individualizan por su naturaleza. Por eso las llaman únicas, habitualmente. Por ejemplo, una obra pictórica ejecutada por uno u otro artista, un violín hecho por determinado maestro, etc. Sin embargo, en la inmensa mayoría de los casos, la distinción de las cosas de la totalidad general de ellas se produce en una forma determinada: frecuentemente, en dependencia de la voluntad de la persona que la adquiere. Por ejemplo, una máquina de escribir se distingue de la masa general por el número de fábrica. El comprador, al escoger el traje de su gusto, lo distingue de la masa general de cosas semejantes transformándolo en una cosa individual determinada. En otros casos las cosas no se individualizan, sino que se determinan solamente por los rasgos genéricos comunes. Por ejemplo, el propietario de un automóvil compra 10 litros de gasolina; un ama de casa compra 5 kilos de papas.

¿Qué importancia tiene esta clasificación de las cosas?

La pérdida de una cosa determinada individualmente libera a la persona obligada de su entrega al que la ha adquirido; la desaparición de una cosa determinada por los rasgos genéricos, como regla, no libera de la obligación de su entrega, por existir otra cosa del mismo género. Por ejemplo, si un ciudadano ha adquirido en un almacén un juego de muebles y en el almacén se produce un incendio y los muebles, por no haberlos retirado oportunamente el dueño, se queman, el comprador, en caso de que haya base para hacerlo, puede exigir la indemnización correspondiente pero no puede exigir la entrega del juego de muebles porque este ya no existe. Si el mismo ciudadano paga el importe de un corte de tela, sin individualizarla previamente, el vendedor está obligado a entregarle un corte de esa tela, aunque en el momento el almacén no la tenga. Por tratarse aquí de una cosa determinada por sus rasgos genéricos, su entrega al comprador no es objetivamente imposible.

La división de las cosas por los rasgos que las individualizan y por los rasgos genéricos tiene importancia también al cerrar cierta clase de contratos. Así, el contrato de alquiler de un bien puede ser concluido solo sobre una cosa individualizada.

En la práctica se distingue la *cosa principal* y sus *accesorios*. Algunas cosas para usarlas debidamente se equipan con otras cosas complementarias. Por ejemplo, para un violonchelo es necesaria la funda, para un cuadro se necesita el marco y para un automóvil, el radio. Estas cosas están relacionadas por su destinación común, pero algunas de ellas se emplean directamente en la función dada —la cosa principal—, y las otras —los accesorios— se usan para conservar mejor la cosa principal o para su explotación más plena y cómoda. Como regla, los accesorios siguen la misma suerte de la cosa principal, si la ley no dispone otra cosa. Naturalmente, el propietario puede utilizar la cosa principal y los accesorios a su talante. Uno de los héroes de Hamsun utilizaba la funda del violín para guardar la ropa sucia. Se puede quitar el radio del automóvil y ponerlo en la mesa de noche del dormitorio. Eso depende del criterio del propietario. Pero en el momento de la venta, como regla, la cosa principal debe venderse con los accesorios correspondientes, cuyo valor entra en el importe total de la cosa.

Algunas cosas, en virtud de sus propiedades naturales, pueden dar frutos (por ejemplo, los frutos de los árboles frutales, las legumbres que se cultivan en la parcela aneja a la casa, las crías del ganado y su leche). Estos frutos pertenecen al propietario de la cosa.

Algunos tipos de bienes pueden dar *renta;* por ejemplo, los intereses que gana un depósito en la caja de ahorros. Sin embargo, la función de consumo del derecho de propiedad personal no permite la extracción sistemática de ingresos extralaborales. El propietario puede extraer renta ajustándose estrictamente a la ley.

En el proceso de disposición de la propiedad personal pueden ser establecidos otros reglamentos sobre los frutos y las rentas. Así, al vender su casa a otra persona, el propietario puede acordar con el comprador que durante cierto tiempo él mismo recogerá para sí las cosechas de frutas de los árboles por él sembrados. En caso de tener que alejarse del lugar por cierto tiempo, el trabajador de un sovjós (hacienda agropecuaria estatal) puede ponerse de acuerdo con el vecino para que este se encargue de cuidarle la vaca y las gallinas y aproveche para si la leche y los huevos.

Los ingresos y los ahorros provenientes del trabajo de los ciudadanos pueden ser objeto de derecho de propiedad personal en distintas formas. Por cuanto la realización del producto social, destinado para el consumo personal, se lleva a cabo en la URSS en forma monetario-mercantil, los ingresos de trabajo de los ciudadanos son fundamentalmente en dinero contante y sonante. En dinero se hacen los más diversos pagos: el salario de los obreros y empleados, el pago que reciben los koljosianos, los estipendios de los estudiantes y las pensiones y subsidios de los jubilados e incapacitados para trabajar.

El dinero, como objeto de derecho, posee una serie de particularidades, las cuales se determinan por la esencia económica del dinero y por las funciones que cumple. El dinero es el más sustituible de todas las cosas que se determinan por los rasgos genéricos. El dinero no se determina por la cantidad de signos monetarios, sino por la cantidad de unidades expresadas en estos signos, por eso es siempre divisible.

Por cuanto el dinero es un medio de circulación y solo en casos excepcionales puede ser individualizado, en la gran mayoría de los casos los derechos del propietario son protegidos por el derecho de las obligaciones y no por los medios del derecho de propiedad. Por ejemplo, si a un ciudadano le roban alguna cosa individualizada, tiene derecho, en determinadas circunstancias (ver más detalladamente en el capítulo V) a reclamarla en especie. Si a un ciudadano le roban dinero, en la inmensa mayoría de los casos, él puede solo presentar demanda para que le indemnicen la suma correspondiente. Sin embargo, si en una u otra forma el dinero estuviera individualizado, por ejemplo, una cantidad determinada de valores nominales en un paquete, en una cartera o en una bolsa, entonces, al encontrarlos pueden ser devueltos a su dueño. Este dinero no se despersonaliza en poder del poseedor de mala fe y no puede ser utilizado para satisfacer otras exigencias legales.

El ciudadano R. le entregó a un tal B. una suma considerable de dinero en pago por un objeto valioso que B. le mostró y prometió entregar al día siguiente. El comprador, que tenía ciertas sospechas de su contratante, tuvo el cuidado de anotar el número de los valores nominales que le entregó. Resultó que B. era un estafador buscado por la milicia y fue detenido inmediatamente después de haber recibido dicho dinero. Por la comisión de varias estafas B. fue juzgado y se le confiscaron los bienes. Habiéndosele hallado en su poder el dinero que había recibido del ciudadano R., no se le confiscó, siendo devuelto a su propietario, por el hecho de haber tenido el cuidado de individualizarlo.

Por lo general, el dinero contante y sonante en poder de su propietario no sobrepasa la suma indispensable para satisfacer sus necesidades corrientes. Los ahorros los emplean los trabajadores en distintas formas. De preferencia hacen depósitos en las cajas de ahorros o adquieren obligaciones de empréstitos del Estado. La conservación de los ingresos laborales y de los ahorros de los ciudadanos en las cajas de ahorros y mediante la adquisición de obligaciones es muy cómoda y ventajosa para los trabajadores.

Las cajas de ahorros están destinadas a ofrecer a la población la posibilidad de conservar con la necesaria seguridad los medios monetarios libres y realizar operaciones monetarias, contribuyendo a la acumulación de ahorros en dinero. Al mismo tiempo, la actividad de las cajas de ahorros da la posibilidad de utilizar temporalmente el dinero libre de los trabajadores en beneficio del desarrollo de la economía nacional de la URSS. El constante y considerable aumento de los depósitos en las cajas de ahorros es un índice del crecimiento del bienestar material del pueblo soviético. La red de estas cajas es extraordinariamente amplia. Funcionan casi en todos los lugares poblados, cerca de las grandes empresas, instituciones, sanatorios, etc. Las sumas depositadas en las cajas de ahorros pueden ser retiradas por el depositante en cualquier momento. Los usuarios de los servicios de las cajas de ahorros están seguros de la conservación de sus depósitos, de la posibilidad de utilizarlos en cualquier momento que los necesiten.

Se han establecido distintos tipos de depósitos. Las cajas de ahorros pagan a los depositantes intereses por sus depósitos. Si el depósito se hace en una cuenta corriente común, de la cual el ciudadano puede retirar su dinero total o parcialmente en cualquier momento, el interés se paga a una tasa del 2% anual. Si el depositante se obliga a no retirar el depósito durante determinado período de tiempo (los llamados depósitos a plazo fijo), los intereses se pagan a una tasa del 3% anual. Se pueden hacer también depósitos premiados; en este caso, en vez de recibir intereses, el depositante participa en un sorteo y puede recibir una suma determinada en forma de premio. Del depositante depende pues elegir el tipo de depósito que considere más conveniente. Importa anotar que, cuando se trata de depósitos a plazo fijo, el depositante los puede retirar total o parcialmente en cualquier momento y antes del vencimiento del plazo. En este caso, le computan los intereses a una tasa del 2% anual.

El recibo de intereses por estos depósitos es una renta admitida por la ley. La ley arranca de que, no utilizando sus ahorros, prestándoselos temporalmente al Estado, el ciudadano tiene derecho a recibir cierta suma complementaria en forma de estímulo material, tanto más que, como se colige del indicado tamaño de la tasa de interés, esto no puede, en manera alguna, constituir una renta no laboral de alguna consideración.

Las cajas de ahorros, para comodidad de los depositantes, realizan a cuenta del depósito, sin necesidad de pagos al contado, los siguientes pagos: arriendo de la vivienda y de servicios públicos (agua, luz eléctrica, gas y teléfono). De la cuenta corriente se puede pagar también el impuesto de circulación (que pagan los propietarios de automóviles), las cuotas para la cooperativa de construcción de viviendas, etc.

Las formas para disponer del depósito han sido considerablemente simplificadas. El depositante puede darle poder a cualquier persona para disponer del depósito. También puede indicar a cualquier persona —ciudadano u organización—, a la cual debe ser entregado el depósito en caso de muerte del depositante. Para entregar el depósito a la persona indicada en la disposición pertinente, en caso de muerte del depositante, no se requiere ninguna formalidad complementaria. En la literatura jurídica tal disposición se considera no como testamento, sino como un contrato en favor de un tercero. El acierto de esa calificación jurídica se confirma con el hecho de que, en caso de muerte de la persona, en favor de la cual se ha hecho tal disposición, antes de morir el depositante, este último continúa siendo el poseedor de la cuenta, el depósito no pasa a los herederos del finado.

La ley protege el secreto de los depósitos. La información sobre el depósito de un ciudadano puede ser dada solo por exigencia de los órganos judiciales o para la instrucción de un sumario. La exacción forzosa sobre un depósito puede hacerse solo mediante una resolución de los órganos judiciales o de investigación en asuntos penales. En lo que respecta a la ejecución de resoluciones sobre asuntos civiles, la exacción puede ser hecha del depósito solo en determinados casos, establecidos por la ley, a saber:

a) satisfacción de una demanda civil, dimanante de un asunto penal;

b) resolución de un tribunal sobre demanda por pago de alimentos (cuando el demandado no tiene salario u otros bienes de los cuales se pueda hacer la exacción);

c) división del deposito por ser un bien conjunto de los esposos. La confiscación del depósito puede producirse sobre la base de la sentencia al entrar en vigor o de la resolución dictada de acuerdo con la ley sobre la confiscación de bienes.

Los ciudadanos pueden utilizar sus ingresos laborales y ahorros para participar en organizaciones cooperativas: de consumo, de construcción de viviendas, de construcción de casas de campo y otras. Esa inversión de los ahorros adquiere cada vez mayor importancia en los últimos tiempos. Crece sin cesar la organización de cooperativas de construcción de viviendas, de casas de campo, de garajes, de hoteles-pensión y campamentos de descanso. Las cooperativas de construcción de viviendas, que se han desarrollado impetuosamente en los últimos años, son un medio efectivo de satisfacer las necesidades de vivienda de los ciudadanos. Participando con sus ahorros en el financiamiento de la construcción, tomando fiarte directa no pocas veces en las faenas de edificar las casas, os ciudadanos ayudan al Estado en la dotación de viviendas y al mismo tiempo reciben la posibilidad de satisfacer sus necesidades de vivienda más rápidamente.

El Estado presta una ayuda esencial a las cooperativas constructoras de viviendas; les concede crédito por un monto del 60% del valor de las obras, con un plazo de 15 años, con un interés del 2% anual, es decir, el mismo interés que él paga sobre los depósitos. Las organizaciones estatales de construcción actúan como contratistas. El Estado concede los lotes de terreno para la construcción, los fondos para los materiales, los contingentes de mano de obra, etc. También suministra el agua, el gas, la canalización y todos los demás elementos necesarios para el urbanismo.

De modo que las amplias masas trabajadoras, que necesitan mejorar sus condiciones de vivienda, pueden utilizar sin límites la construcción cooperativa de viviendas. Al ingresar en una cooperativa el ciudadano paga el 40% del valor del apartamento, el 60% restante lo paga, por cuotas iguales, en el curso de quince años.

Los bienes que se crean o adquieren por las organizaciones cooperativas son propiedad cooperativa. Los ciudadanos que son aceptados en una organización cooperativa y pagan sus cuotas adquieren derechos de miembros de tal organización. Conforme a lo establecido por los estatutos, toman parte en la administración de la propiedad cooperativa, adquieren derecho de utilizar un bien determinado (por ejemplo, derecho a usufructuar un apartamento en el edificio de la cooperativa). El apartamento no es propiedad personal del socio de la cooperativa. Las relaciones que surgen de la condición de miembro de la cooperativa, las relaciones internas de la misma tampoco están ligadas con las relaciones de propiedad personal. Sin embargo, el derecho del ciudadano sobre sus cuotas en la organización cooperativa forma parte de sus bienes.

Si el ciudadano, por una u otra causa (por ejemplo, se traslada a otra localidad, a un apartamento de sus parientes), se retira de la cooperativa, esta le devuelve las cuotas pagadas (con un descuento por amortización del edificio). Si el miembro de la cooperativa fallece, las cuotas pagadas por él pasan a formar parte de sus bienes y se trasladan a los herederos, de acuerdo con la ley o el testamento. Empero, aquellos de los herederos que vivían conjuntamente con el finado en el apartamento, tienen derecho de exigir que se les admita como miembros de la cooperativa. En este caso, las cuotas se conservan para ellos. Cuando al dividir los bienes de la herencia resulta que parte de las cuotas debe ser entregada a otros herederos, que no viven en la casa de la cooperativa, el heredero que se convierte en miembro de esta, indemniza a los otros herederos en metálico.

Si la cooperativa se niega a admitir al heredero que vivía con el finado, aquél tiene derecho a exigir por vía judicial que lo acepte la cooperativa como miembro y a formalizar a su nombre el apartamento ocupado.

La ley delimita exactamente el derecho sobre la suma de dinero (cuotas pagadas a la cooperativa) abonada a la organización cooperativa, que constituye parte de los bienes del ciudadano y puede pasar a otras personas por distintas causas, y los derechos que emanan de la condición de miembro de una organización cooperativa. Estos derechos también se delimitan exactamente en la práctica judicial. El traslado del derecho sobre las cuotas acumuladas —como valor de un bien— no significa de ninguna manera el traslado automático de los derechos de miembro de la organización cooperativa. Estos derechos últimos están indisolublemente ligados con la persona y no pueden trasladarse como herencia legal. El derecho de los herederos, indicado arriba, que vivían junto con el finado miembro de la cooperativa, de exigir ser aceptados como miembros de la cooperativa y de formalizar a su nombre el apartamento (o la casa de campo) ocupado de tiempo atrás, emana no de sus derechos sobre las cuotas acumuladas, sino del hecho de que ellos vivían con el testador como miembros de su familia. La ley protege los intereses de las personas que venían usando de hecho el apartamento (o la casa de campo) y, al mismo tiempo, no afecta los intereses de los herederos, que tienen derecho sobre las cuotas acumuladas, por cuanto este derecho suyo de propiedad está plenamente protegido.

Aclaramos esto con ejemplos tomados de la práctica. Conjuntamente con el ciudadano I. vivían —en un apartamento cooperativo— su esposa y su hija. Otros herederos —la madre y un hijo casado— vivían en otro lugar. Después del fallecimiento del ciudadano I. su mujer fue aceptada como miembro de la cooperativa y continuó viviendo con su hija en dicho apartamento. El hijo, adulto, capacitado para trabajar, renunció a su parte de herencia, pero a la madre (del finado), la viuda le pagó una indemnización en dinero por la parte que le correspondía de las cuotas acumuladas.

El problema de la herencia de la ciudadana F. se resolvió de otra manera. Con esta vivía la ciudadana P. como miembro de la familia, era una parienta lejana, mas no heredera, según la ley. Después de la muerte de la ciudadana F., su hermana —heredera legal— exigió que la aceptaran como miembro de la cooperativa y le adjudicaran el apartamento, ocupado anteriormente por la finada y la ciudadana P. Simultáneamente, la ciudadana P. solicitó que la aceptaran como miembro de la cooperativa, por cuanto ella había vivido en ese apartamento en calidad de miembro de la familia, ocupándose con la finada de la economía doméstica común, así como de la conservación del apartamento y de la ayuda a la extinta para cumplir sus obligaciones de miembro de la cooperativa.

La asamblea general de la cooperativa admitió como miembro de esta a la ciudadana P. y negó la solicitud hecha por la hermana de la finada, debido a que no disponía la cooperativa de apartamentos libres, y la hermana, aunque era heredera de la finada, no había vivido con ella en el apartamento.

El tribunal, donde litigaba este asunto la hermana, sobreseyó la demanda, confirmando así la legalidad y la justicia de la resolución de la cooperativa.

Como la ciudadana P. no era heredera de la finada, ella, en su condición de persona que ingresa en la cooperativa tuvo que abonar la suma correspondiente a las cuotas, y las cuotas acumuladas, que pertenecían a la finada, fueron entregadas por la cooperativa a la heredera, a la hermana de la ciudadana fallecida.

Los derechos y obligaciones de miembro de una cooperativa se establecen por los estatutos, adoptados por la asamblea general de la misma, según un modelo confirmado. La asamblea general resuelve las cuestiones más importantes de la actividad de la cooperativa. Los apartamentos se entregan a los miembros de esta por decisión de la asamblea general conforme al monto de la suma equivalente a las cuotas y al número de miembros de la familia. Las cuestiones de la reparación general, explotación del edificio, empleo de los locales libres, admisión de miembros y exclusión de estos, etc., también son de competencia de la asamblea general. Los miembros de la cooperativa participan en las asambleas generales y en los órganos electivos, ejercen sus derechos y cumplen sus obligaciones. Aquéllos y estas son, por lo tanto, derechos personales, que emanan de la condición de socio de la cooperativa.

Al mismo tiempo, las cuotas abonadas a la cooperativa constituyen el valor de un bien determinado que, como ya vimos, puede considerarse en cierto sentido en calidad de objeto de derecho de propiedad personal. Importa, sin embargo, tener en cuenta que las cuotas, como valor de un bien, pueden ser ligadas con otros derechos solo en ciertos casos establecidos por la ley. Así, en caso de división de los bienes comunes de los esposos, las cuotas abonadas se incluyen en ellos. Lo mismo que con respecto a los herederos son posibles distintas situaciones como resultado de tal división, Por ejemplo, uno de los cónyuges puede quedarse en el apartamento, pagando al otro la parte de cuotas que le corresponde, o cada uno de los esposos puede hacerse miembro de la cooperativa; también tienen derecho a cambiar el apartamento por dos de menor tamaño. La no aceptación de un cónyuge como miembro de la cooperativa puede ser apelada en un tribunal.

Además de las cooperativas de construcción de viviendas, están ampliamente extendidas las cooperativas de construcción de casas de campo. La diferencia entre ellas consiste en que las primeras se destinan para satisfacer las necesidades de habitación permanente, mientras que las segundas se dedican a satisfacer las necesidades de descanso, de permanencia temporal disfrutando de aire fresco.

Puesto que en esa forma se satisfacen distintas necesidades de los ciudadanos, la ley no pone obstáculo para que un mismo ciudadano sea miembro de una cooperativa de construcción de viviendas y de otra de construcción de casas de campo. Él y su familia tienen en cada una de ellas los derechos y obligaciones de rigor, basados en los estatutos respectivos.

La situación jurídica de los miembros de una cooperativa de construcción de casas de campo, sus derechos de propiedad y personales, incluso el derecho sobre las cuotas abonadas, son análogos a los derechos de los miembros de una cooperativa de construcción de viviendas. Sin embargo, aquí hay diferencias en cuanto al carácter de estas cooperativas.

Las cooperativas de construcción de viviendas, como regla, poseen grandes edificios de apartamentos, y, en la práctica, nunca pueden surgir dudas sobre el carácter de los derechos del miembro de la cooperativa sobre el apartamento que ocupa en tal edificio.

Las cooperativas de construcción de casas de campo poseen, como regla, casas pequeñas aisladas unas de otras, con parcelas anejas. Y aquí no siempre es clara la diferencia entre el derecho de propiedad personal sobre la casa de campo y el derecho de la cooperativa sobre la casa ocupada por el miembro de aquélla.

En la práctica se han dado casos, como el del ciudadano K., que entusiasmado con la compra de cosas caras a crédito y al contado, adquirió muchas deudas. El tribunal, que conocía de las demandas correspondientes, dictó una resolución para vender la casa de campo que pertenecía al endeudado a fin de cubrir las deudas. Pero resultó que la casa no era propiedad personal de este: él la ocupaba a título de miembro de la cooperativa. El tribunal superior revocó la resolución, indicando que la casa de campo era propiedad de la cooperativa y no podía ser vendida en cumplimiento de una resolución judicial, que la exacción podía ser hecha de las cuotas abonadas solo en el caso de que el ciudadano K. fuera excluido de la cooperativa.

En los últimos años se desarrollan también con ímpetu otros tipos de organizaciones cooperativas, llamadas a satisfacer distintas necesidades de los ciudadanos: cooperativas de construcción de garajes, de hoteles-pensión, sociedades de horticultura, etc.

3. Casa de habitación y economía auxiliar domestica

El Estado socialista soviético siempre ha concedido y concede atención solícita a la satisfacción de las necesidades de vivienda de los ciudadanos. Inusitada envergadura adquiere la construcción de viviendas que se adelanta en la URSS. En el octavo plan quinquenal se construyeron viviendas con un área habitable de 518 millones de metros cuadrados. De 1956 a 1970 casi 55 millones de ciudadanos soviéticos mejoraron sus condiciones de vivienda, de ellos 42 millones se mudaron a casas nuevas.

En el noveno plan quinquenal, cuyas tareas se cumplen con éxito, se prevé poner en explotación casas de vivienda con un área total de 580 millones de metros cuadrados. Además, se contempla el mejoramiento de la calidad de la construcción de los edificios de apartamentos, de su acabado, confort y urbanismo.

La ley establece un orden riguroso, que garantiza la distribución justa de las viviendas, de modo que satisfaga las necesidades de los ciudadanos.

En los comités ejecutivos de los Soviets urbanos y distritales se lleva un libro de registro de las personas que necesitan recibir apartamento, o que necesitan mejorar las condiciones de vivienda. Se ha establecido un turno para entregar los apartamentos y un control severo de observación de la legalidad. En la distribución de viviendas toma parte muy activa la opinión pública. Así, en la distribución de los apartamentos de los edificios que pertenecen a los Soviets locales, participan activamente los representantes de los sindicatos y de otras organizaciones sociales. En los edificios levantados por los ministerios, los departamentos y las empresas, los apartamentos se distribuyen por decisión conjunta de la administración, los sindicatos y otras organizaciones sociales.

De modo que la necesidad de vivienda en las ciudades se satisface principalmente por cuenta del fondo de vivienda del Estado. Las ciudades —tanto grandes, como pequeñas— se construyen según un plan único que contempla las perspectivas de su desarrollo.

Al planificar la construcción de las ciudades y de los nuevos distritos, se concede gran atención a las zonas verdes, a la conservación de las proporciones necesarias entre las partes construidas y no construidas; se garantizan amplios espacios de luz y aire fresco, servicios públicos, instalación de almacenes, empresas de servicios para la población, etc.

En urbanizaciones de tales condiciones no puede haber lugar, naturalmente, para la construcción de casas de habitación individuales. Es más, las pequeñas casas viejas, que no responden a las exigencias de confort modernas, son demolidas y en su lugar se levantan grandes edificios de apartamentos o zonas verdes. Por eso, en las capitales de las repúblicas federadas y en las grandes ciudades, está prohibido construir casas de habitación individuales.

Sin embargo, en muchos lugares de la URSS, en las localidades agrícolas y en las pequeñas ciudades, está muy extendida la construcción de casas de habitación individuales. El Estado presta a los ciudadanos una gran ayuda para la construcción de casas de habitación individuales, asignando con tal fin los correspondientes lotes de terreno, facilitando crédito, casas prefabricadas y materiales de construcción. Las empresas, instituciones y Koljoses ayudan a los obreros, empleados y koljosianos a construir sus casas de habitación, prestan ayuda para adquirir materiales y transportarlos. Los trabajos de construcción de carreteras, de urbanización de las zonas construidas por los ciudadanos (acueducto, canalización, instalaciones eléctricas y de suministro de gas) corren por cuenta de los Soviets locales, o de las empresas y los koljoses.

Las empresas y los koljoses ayudan a los constructores individuales, les suministran los proyectos para edificar sus casas y, en la medida de lo posible, fuerza de trabajo para ejecutar labores especiales. Las empresas, grandes obras e instituciones venden casas de habitación individuales, construidas por ellas, a sus obreros, empleados y personal técnico, al contado y a crédito (pagadero hasta con 10 años de plazo al 2% anual). Los ciudadanos abonan por lo menos el 10% del valor de la casa al contado, la suma restante la deben pagar en el curso de 10 años. El crédito se paga por cuotas iguales mensualmente. El comprador puede trasladarse a vivir a la casa comprada a plazos después de haber pagado el 10% de su valor y de haber formalizado, según los reglamentos que rigen en estos casos, las obligaciones correspondientes de pagar el crédito.

Los bancos conceden crédito también para construir casas de habitación individuales. Este crédito lo reciben directamente los ciudadanos por un plazo de 7 años al 2% anual. Para ciertas categorías, digamos, por ejemplo, para familias de militares que perecieron en el frente, inválidos de la Gran Guerra Patria, familias de militares en servicio y militares desmovilizados se han establecido condiciones todavía más favorables de crédito para la construcción de casas individuales.

Las empresas ayudan a los constructores individuales, contribuyendo a que obtengan lotes de terreno lo más cerca posible al lugar de trabajo. Ellas les facilitan materiales de construcción, semifabricados, transportándolos al lugar de la obra. Organizan con los residuos la producción de materiales y conceden consultas técnicas para edificar las viviendas. Gran importancia tiene el suministro de los proyectos y planos de estas casas.

Especial atención se presta a la construcción individual de viviendas en las regiones lejanas comprendidas en la asimilación de nuevas tierras. El tamaño del crédito aquí es más considerable, y el 35-50% del mismo lo cubre el Estado. El prestatario solo paga la parte restante en un plazo de 10 años.

Hemos traído solo algunos ejemplos que ilustran la gran ayuda que presta el Estado soviético a los ciudadanos para la construcción de casas individuales, basadas en el derecho de propiedad personal.

La concesión de los lotes de terreno tiene gran importancia para construir casas de habitación individuales. Como la tierra es propiedad exclusiva del Estado, son precisamente los órganos estatales los que conceden lotes para edificar estas casas. Por lo general, el comité ejecutivo del Soviet local concede el terreno, teniendo en cuenta las dimensiones establecidas por la ley (en las ciudades el lote tiene un tamaño de 300 a 600 metros cuadrados, y en el campo, 700-1.200 metros cuadrados) y guiándose por el plan perspectivo de desarrollo del punto poblado de que se trate, por las exigencias de arquitectura, sanitarias y de construcción, por el grado de necesidad de habitación que experimente el ciudadano y por el número de su familia.

La resolución del comité ejecutivo de asignar el lote de terreno es un acto administrativo, sobre la base del cual el constructor individual formaliza un contrato de concesión del lote correspondiente por tiempo ilimitado para construir una casa de vivienda individual, basada en el derecho de propiedad personal. En el contrato se estipulan los derechos y obligaciones de las partes. El proyecto de la construcción de la casa es parte obligatoria del contrato. Habitualmente, la construcción se lleva a cabo según proyectos-modelo, los cuales deben corresponder al plan general de desarrollo de la localidad dada.

Una vez firmado el contrato, el constructor está obligado a empezar la obra a más tardar un año después y terminarla en tres años, como máximo, contados desde el día de la conclusión del contrato. Si por causas independientes de la voluntad del constructor no puede terminarse la obra en ese plazo, él puede solicitar su prórroga.

Si el constructor infringe los plazos de comienzo y terminación de la obra, la levanta sin atenerse al proyecto o viola las normas y reglamentos de construcción, carga con toda la responsabilidad. Esto puede acarrearle el pago de una multa por cada día de retraso en el comienzo y terminación de la casa; y cuando las desviaciones de la edificación con respecto al proyecto son fundamentales, o las violaciones de las normas de construcción básicas y de los reglamentos son graves, el contrato de la concesión del lote de terreno puede ser rescindido con distintas consecuencias, que pueden llegar hasta la exigencia de demolición de la obra levantada o la confiscación de la casa a favor del fondo de viviendas del Soviet local.

Una vez terminada la construcción, la casa debe ser declarada apta para su explotación por una comisión de control especial. Después de esto la edificación se registra a nombre del constructor individual y este se convierte en dueño de ella.

Tan severas consecuencias de la violación de los plazos y reglamentos de la construcción tienen fundadas razones. El incumplimiento de los plazos de comienzo o terminación de la obra significa, ni más ni menos, el uso inadecuado de la tierra, que es un valiosísimo bien del pueblo. Los ciudadanos que han recibido un lote de tierra para levantar una casa y no edifican nada, se parecen al perro del hortelano: el lote podría ser utilizado por otra persona, necesitada de vivienda, que tomase todas las medidas para terminar oportunamente la obra. Pero, naturalmente, si el ciudadano no comienza la obra o esta se demora por causas justificadas, los comités ejecutivos de los Soviets locales no aplican formalismos innecesarios.

Al veterano A. de la Gran Guerra Patria se le asignó un lote para construir una casa. Sin embargo, A. tuvo que someterse al poco tiempo a una delicada operación quirúrgica, debido a las consecuencias de una herida que recibió en el frente; después se enfermaron los miembros de su familia. En resumidas cuentas, él no pudo comenzar oportunamente la obra.

Su vecino, que había pensado obtener aquel lote para sí, viendo que el ciudadano A. no había empezado oportunamente la obra, llevó a dicho terreno materiales de construcción y empezó a echar cimientos.

Teniendo en cuenta las circunstancias concretas, el comité ejecutivo distrital no rescindió el contrato con el ciudadano A., pero el tribunal, al cual se dirigió su vecino, obligó al ciudadano A. a pagarle el valor de los materiales y de los trabajos hechos.

Importa señalar que este caso es excepcional. Como regla, si la persona, a la cual se le concede un lote de terreno, no comienza la construcción en el curso de un año, se le quita el lote y puede asignársele a otro ciudadano.

Serias consecuencias sobrevienen en caso de variaciones fundamentales de la obra con respecto al proyecto o de violación grave de las normas y reglamentos básicos de construcción. En tales circunstancias la obra se considera como no autorizada, lo que trae consigo secuelas contempladas por la ley, sobre las cuales nos detendremos enseguida. La ley nabla de las *desviaciones fundamentales* con respecto al proyecto y de las *violaciones graves* de las normas y reglamentos de construcción. Si estas desviaciones o violaciones no son importantes, pueden ser eliminadas en el proceso de la construcción o incluso al terminarla, antes del recibo de la casa por la comisión de control. Pero cuando son fundamentales, y por eso no admiten corrección o eliminación, entonces la justicia de tan severas consecuencias es evidente. Las desviaciones fundamentales del proyecto original o las violaciones graves de las normas de construcción pueden alterar el plan general de construcción, el aspecto externo, el conjunto arquitectónico, o pueden constituir un peligro (cuando son violadas las normas y reglamentos de construcción) para los ciudadanos. Por ejemplo, un balcón que pende sobre el andén de la calle, no correspondiente al proyecto, ni construido y asegurado debidamente, puede ser una amenaza para la vida de los transeúntes.

El lote de terreno para la construcción de una casa se concede a la persona (y su familia) a la cual se asigna. Si por cualesquiera causas el constructor incorpora a la obra a otra persona para que la casa sea de su propiedad común, es necesario formalizar esto en el comité ejecutivo del Soviet local, que debe, en ese caso, modificar el contrato, indicando que ambos ciudadanos son coconstructores.

Al ciudadano N., inválido de la Gran Guerra Patria, se le concedió un lote de terreno para construir una casa. Él había comenzado los trabajos de la obra, pero en esos días la situación de la familia cambió. El hijo mayor se casó y se fue a vivir a otra ciudad, y el hijo, que seguía al mayor, ingresó en el Ejército Soviético. Para dicho ciudadano, que quedó con la esposa y el hijo menor, resultó imposible terminar la construcción de la casa. En esas condiciones, incorporó a un pariente a las faenas de dar remate a la edificación. Este participó directamente con su trabajo y con su dinero en la terminación de la obra, pero las autoridades municipales se negaron a registrar la casa a nombre de los dos propietarios, alegando que el lote había sido asignado solo al ciudadano N.

Por cuanto el comité ejecutivo del Soviet local no objetaba la modificación del contrato de concesión del terreno, y el tribunal se convenció de que ambos ciudadanos habían participado en igual medida en la construcción de la casa, fueron reconocidos como copropietarios comunes del inmueble.

Sin embargo, se dan casos en que la incorporación de otras personas en calidad de coconstructores tiene en cierto modo un carácter especulativo.

El ciudadano D. solicitó que se le concediera un lote para construir una casa, pero en realidad él no tenía la más mínima intención de construirla por su cuenta. Los constructores verdaderos fueron sus vecinos, que no tenían ninguna posibilidad de recibir lote porque residían en muy buenas viviendas. La construcción de la casa se emprendió con el fin de dar en arriendo habitaciones, pues esa localidad crecía rápidamente y la necesidad de viviendas era aguda.

Cuando terminó la construcción de la casa, surgió el problema de su registro. Los «coconstructores» demostraron que el ciudadano D. no había tomado parte en la edificación del inmueble y exigían registrarlo a su nombre.

El tribunal estableció que, por cuanto el lote no había sido asignado a estas personas, la construcción de la casa se consideraba como no autorizada, con todas las consecuencias que de esto se derivan. En cuanto al ciudadano D., por haberse demostrado plenamente en el juicio que no había participado ni con trabajo ni con dinero en la obra, el contrato con él debía reconocerse rescindido.

Ley protege rigurosamente el derecho de aquel que cumple el contrato y levanta la casa para satisfacer en realidad su necesidad de vivienda, y, al mismo tiempo, no tolera actividades especulativas, de lucro, que contradicen todo el régimen de relaciones de la sociedad socialista.

Con este fin se han establecido severas sanciones en el caso de la construcción no autorizada de una casa. Se consideran construcciones no autorizadas:

a) obras sin permiso legal,

b) sin la debida aprobación del proyecto,

c) con desviaciones fundamentales del proyecto original,

d) con violación grave de las normas y reglamentos básicos de construcción.

Cuando existe alguna de estas razones, la casa edificada no pasa a ser propiedad personal del ciudadano. Este no tiene derecho a disponer de ella total o parcialmente, ni puede venderla, regalarla o darla en arriendo. En dependencia del carácter de la violación, el comité ejecutivo del Soviet distrital o urbano puede exigir la demolición de la casa, o, por resolución de un tribunal, confiscarla sin indemnización e incluirla en el fondo de viviendas del Soviet local. Esto se resuelve teniendo en cuenta lo que más convenga: la demolición del inmueble o su explotación.

Pero aquí también el Estado protege el derecho de vivienda de los ciudadanos. Si el constructor no autorizado (y su familia) se han trasladado a vivir en esta casa y no tienen otra vivienda apta para residir permanentemente, pueden quedarse a vivir en ella como inquilinos, o el Soviet local, que recibió la casa confiscada, puede asignarles otra vivienda.

Cuando la casa ha sido construida en el lote concedido y registrada a nombre de su propietario, el terreno se considera inseparablemente ligado con la edificación *y* sigue el destino jurídico de esta. Si la casa pasa a manos de otro dueño en calidad de herencia, compra, regalo, cambio, etc., junto con el derecho de propiedad sobre la casa pasa también el derecho de uso del lote de terreno. El uso del lote está inseparablemente ligado con el derecho de propiedad sobre la casa. El lote de terreno no puede ser en ningún caso objeto de negocio por separado. Esto sería una grosera violación del orden legal socialista.

En la práctica se han dado casos en que bajo la apariencia de venta de la casa se producía en realidad una transferencia del derecho de usar el lote de terreno a cambio de una considerable suma de dinero. Así, una edificación inservible, prácticamente en ruinas, se vendía por un alto precio. De hecho, aquí tenía lugar una tentativa de «vender» el lote de terreno, pues el comprador no podía, ni deseaba, mudarse a una vivienda ya inútil, se proponía, sin duda, demolerla y construir una casa nueva.

En este caso el negocio se considera ilegítimo, como realizado con un fin deliberadamente contrario a los intereses de la sociedad y del Estado socialistas. El reconocimiento de la ilegitimidad del negocio acarrea consigo su nulidad y el traspaso de todo lo ejecutado a los fondos del Estado. Tal práctica judicial se mantuvo con firmeza durante varios años y por eso casi han desaparecido las tentativas de hacer ese tipo de negocios.

El problema del uso del lote de terreno surge a veces ligado con el hecho de que unos cuantos ciudadanos son propietarios comunes de la casa construida en él. Como ya dijimos, al enajenar el inmueble pasa también al que lo adquiere el derecho de usar el lote, sin que para ello sea necesario formalizar acuerdo alguno. Sin embargo, la cosa es más complicada cuando no se enajena toda la casa, sino una parte de ella, o cuando unas cuantas personas se hacen propietarios de una casa.

La ciudadana E. era propietaria de una casa en la cual vivía con su numerosa familia. Poco a poco la familia se dispersó por distintos lugares. La dueña de casa quedó sola y vendió la mitad del edificio a la ciudadana Sh., pero reservándose el derecho de utilizar la mayor parte del lote de terreno, porque en él tenía árboles plantados e instalaciones domésticas. En uso de la ciudadana Sh. quedaba una parte más pequeña del lote, pero suficiente para el servicio de la parte de la casa que le pertenecía.

Durante unos cuantos años, las dos propietarias utilizaron el lote en la forma ya expuesta. Sin embargo, más tarde, la ciudadana Sh. entabló demanda para que se dividiera el lote por partes iguales, pues así coincidiría el terreno a su disposición con su derecho de propiedad sobre la mitad de la casa.

Habiendo examinado todas las circunstancias del asunto, el tribunal llegó a la conclusión de que las dimensiones del terreno que usufructuaban las partes habían sido fijadas por ellas en un contrato, y que la ciudadana E. y los miembros de su familia habían invertido su trabajo en la parcela a lo largo de muchos años, que ellos no lo utilizaban para obtener ganancias. Por esas razones el tribunal resolvió conservar para cada una de las propietarias la parte del lote que estaba a su disposición, según el contrato ya citado.

Esa resolución se basaba en circunstancias concretas. Como regla, el tribunal parte de que al existir dos o más propietarios de la casa, las dimensiones del terreno, que se halla en uso de cada uno de los propietarios de aquélla, deben corresponder con el tamaño de su parte en el derecho de propiedad sobre la casa. Sin embargo, esta regla general se aplica teniendo en cuenta las particularidades concretas de cada negocio. Como se ve por el ejemplo citado, son posibles casos en que es justo conservar cierta desigualdad en los tamaños de las partes de un lote en favor de uno de los participantes de la propiedad común, con respecto a su parte en el derecho de propiedad sobre la casa.

A veces tal desigualdad puede estar relacionada con el carácter de la parcela. Por eso siempre, al resolver tales litigios en un tribunal, se requiere la opinión de los órganos de la administración municipal acerca de las posibles variantes de la división, partiendo del carácter de la parcela, de su ubicación, de la situación de la casa que se levanta en ella, de las instalaciones domésticas, etc. Al escoger una u otra variante de división, el tribunal tiene en cuenta la explotación más conveniente de la parcela. Y, naturalmente, son inadmisibles los contratos de explotación del terreno, bajo los cuales uno de los propietarios pueda transformarlo en fuente de renta, privando al otro propietario de condiciones normales de usufructo de su parte.

El ciudadano N. tenía una casa de propiedad personal. Sus hijos, mayores de edad, vivían en apartamentos buenos y confortables, y él residía en el apartamento de uno de sus hijos. Vendió la casa por partes a distintos compradores, dejando para sí apenas un pequeño cuarto, en el cual guardaba algunas cosas. En los contratos concluidos con los compradores estipulaba que ninguno de ellos tenía derecho a explotar la parcela. Esta la utilizaba él como huerta para cultivar hortalizas.

Los nuevos dueños de la casa entablaron demanda para que se les concediera derecho de explotar la parcela. El tribunal satisfizo esta petición de acuerdo con la parte de cada uno de ellos. Los contratos en virtud de los cuales las partes de la casa se vendieron sin derecho a utilizar la parcela, en esta cláusula fueron declarados ilegítimos.

Junto con la casa de habitación, la Constitución de la URSS incluye, entre los objetos de propiedad personal, los enseres de la economía doméstica auxiliar.

El Estado socialista presta gran ayuda a los ciudadanos para que puedan organizar su economía doméstica auxiliar. En las localidades rurales se asigna a los obreros y empleados parcelas individuales anejas a la casa de habitación; se ofrecen posibilidades de organizar en ellas una economía auxiliar. Con tal fin se concede crédito para comprar ganado y aperos de labranza, en condiciones muy ventajosas. Los koljoses y sovjoses suministran forraje para el ganado de propiedad personal de los ciudadanos.

Prestando a los ciudadanos una gran ayuda para la construcción de casas individuales, el Estado, al mismo tiempo, exige la observación rigurosa de que se destine para el consumo ese tipo de vivienda. La casa debe ser utilizada para satisfacer la necesidad de habitación de su propietario. Por eso la ley establece que en propiedad personal de un ciudadano puede hallarse solo una casa de habitación, o una parte de ella. Aquí la ley parte de que la casa la usa el propietario para vivir con su familia. Por eso los cónyuges que viven conjuntamente, y en compañía de sus hijos menores de edad, solo pueden tener una casa de habitación (o parte de una casa), amparada por el derecho de propiedad personal de uno de ellos y que es de su propiedad personal.

En esta disposición de la ley se subraya que propietario de la casa puede ser cualquiera de las personas nombradas, o aquélla puede ser propiedad común de ellos. Sin embargo, cuando la casa es propiedad de una de estas personas, las otras quedan privadas del derecho de ser propietarias de otra casa.

El derecho de propiedad puede surgir para cualquiera de estas personas por distintos motivos. La casa puede ser propiedad personal del marido o de su mujer. Pero si ellos viven conjuntamente, el otro cónyuge no puede adquirir una casa para él.

La norma examinada se extiende solo a los esposos que viven conjuntamente y a sus hijos menores de edad. Cualquiera de los hijos, al llegar a la mayoría de edad, puede hacerse propietario de una casa, si esto es necesario.

Garantizando el carácter de consumo de la casa de habitación, la ley establece su tamaño límite. Por lo general, este tipo de casa no debe pasar de 60 metros cuadrados de área habítame, sin contar el corredor, la cocina y otras habitaciones auxiliares. Sin embargo, si el ciudadano tiene una familia numerosa o goza del derecho a disponer de un área habitable complementaria, el comité ejecutivo del Soviet local puede autorizar, en este caso, la construcción de una casa de mayor tamaño. Esta norma no se extiende a las casas construidas o adquiridas antes de 1963.

En algunas repúblicas federadas, el tener una casa de propiedad personal no obstaculiza la adquisición o construcción de una casa de campo, también de propiedad personal. En aquellas repúblicas donde tal disposición no está prevista por la ley, ella surge de su interpretación, puesto que la casa y la casa de campo tienen distinta destinación de consumo.

La ley prevé también los casos en que un ciudadano o su familia (los esposos que viven conjuntamente y sus hijos menores de edad) resultan en la práctica propietarios de más de una casa de habitación con base en lo admitido por la ley. Por ejemplo, el esposo y la esposa tienen una casa de su propiedad, y, además, la esposa, como heredera, al morir su madre recibió una casa.

Es posible también otro caso. Un matrimonio tiene una pequeña casa desvencijada de su propiedad, que no satisface sus necesidades. Los padres del esposo, por tener que trasladarse a vivir a otra ciudad, le regalan al hijo una casa grande y confortable. En estos casos la ley concede al propietario derecho a escoger y dejar para él en propiedad la casa que más le convenga, que satisfaga mejor las necesidades de su familia; la otra casa debe venderla, regalarla o enajenarla. Si el propietario no enajena la casa en el curso de un año, el comité ejecutivo del Soviet local dispone su venta forzosa de acuerdo con el procedimiento establecido para ejecutar una sentencia judicial. El dinero de la venta, descontados todos los gastos ocasionados por el remate, se entrega al antiguo propietario de la casa.

La destinación de la casa para consumo se garantiza también por la ley al no autorizar esta que el propietario de aquélla tenga simultáneamente apartamento en una cooperativa de construcción de viviendas. Esta disposición se refiere tanto al propietario como a su familia. Por ejemplo, si un ciudadano con su esposa e hijos menores de edad viven en el apartamento de una casa que pertenece a una cooperativa de construcción de viviendas, miembro de la cual es la esposa. Y por herencia él recibe una casa de habitación, en este caso los cónyuges deben resolver: o quedarse con la casa de habitación —y entonces la esposa debe salir de la cooperativa, devolviéndosele las cuotas abonadas—, o quedarse en el apartamento y entonces, en el curso de un año, deben vender, regalar o trasladar en cualquier otra forma el derecho de propiedad sobre la casa.

4. Utensilios domésticos, objetos de uso. Objetos de consumo y de comodidad personales

La Constitución de la URSS no enumera los objetos que pueden ser propiedad personal de los ciudadanos, sino más bien los determina por su destinación: cualquier objeto de uso doméstico, que sirva para el consumo y comodidad personales, puede ser objeto de derecho de propiedad personal.

La solicitud constante del Estado socialista por satisfacer las necesidades materiales y culturales de los trabajadores, por el mejoramiento de su bienestar, determina la permanente ampliación del surtido y la nomenclatura de aquellos objetos que sirven para satisfacer las necesidades de los ciudadanos de la sociedad socialista.

Desde la tribuna del XXIV Congreso del PCUS se indicó la necesidad de aumentar la producción de mercancías de consumo popular, de elevar su calidad, de satisfacer a un alto nivel las necesidades de los ciudadanos soviéticos. Todo esto trae consigo un mayor desarrollo de la propiedad personal.

El Estado socialista protege al máximo el derecho de propiedad de los ciudadanos sobre estos objetos, que sirven para satisfacer necesidades vitales y no pueden incautarse incluso en aquellos casos en que por resolución de un tribunal se confiscan los bienes, ni para satisfacer exigencias de acreedores.

Así, la exacción por documentos ejecutorios no puede hacerse a costa de la casa de habitación con sus instalaciones domésticas o sus distintas partes, si el ciudadano y su familia viven en ella permanentemente.

A las personas, cuya ocupación fundamental es la agricultura, no puede incautárseles determinada cantidad de ganado, necesario para la explotación de la hacienda, ni de forraje para el ganado, o semillas, necesarias para la siembra habitual.

Tampoco pueden incautarse objetos de ambiente casero, utensilios o ropas necesarios para el deudor y para las personas sostenidas por este.

No se permite la incautación de cierto mínimo necesario de muebles, ni las pertenencias infantiles.

No se permite la incautación de útiles, incluyendo manuales y libros, necesarios para las ocupaciones profesionales.

La práctica judicial interpreta ampliamente el concepto de objetos necesarios para las ocupaciones profesionales. Así, en la resolución de un tribunal se aclaraba que no se permitía la incautación de un piano por pertenecer a un alumno de una escuela de música y ser necesario para sus estudios.

La definición de los utensilios domésticos y de los objetos de uso tiene importancia para muchas relaciones jurídico-civiles. Los objetos de ambiente y uso doméstico pasan por ley a los herederos que viven con el heredador por lo menos un año antes de su muerte, independientemente de su sucesión y de la parte heredada.

Con un ciudadano vivía conjuntamente su hermana, que es heredera de segundo orden. Herederos de primer orden eran el hijo y una hija del finado. Según la ley, los herederos de primer orden eliminan a los herederos del orden siguiente[1]. Sin embargo, los objetos de ambiente y uso doméstico, que pertenecían al finado, pasaron a la hermana, no obstante que ella no tenía derecho a herencia.

Esta es una disposición muy humana del derecho soviético, dirigida a que no se prive a la persona que vivió los últimos años con el finado de su ambiente habitual, de las cosas a las cuales se ha acostumbrado.

Al dividir los bienes se toma en cuenta no solo el valor de unos u otros objetos, sino también su destinación y empleo. El tribunal parte en todos los casos de la protección de los intereses de aquellas personas que emplean más convenientemente los bienes de que se trate.

Entre los bienes de una herencia había un famoso piano. Los herederos eran un hijo del primer matrimonio del finado y una hija de su segundo enlace. El hijo exigía vender todos los bienes, incluso el piano, para que se dividiera la suma obtenida.

Sin embargo, el tribunal consideró necesario dejar el piano para la hija, porque ella era pianista, y la suma que valía fue cargada a la cuenta de la parte que a ella le correspondía.

El régimen jurídico de los objetos de uso doméstico, de consumo y de comodidad personales está destinado a garantizar en forma máxima el empleo de estos bienes para satisfacer las necesidades del propietario.

[1] Ver en el capítulo VI más detalladamente sobre esto.

CAPÍTULO V

CONTENIDO DEL DERECHO DE PROPIEDAD PERSONAL

El contenido del derecho de propiedad personal lo determinan los fines y tareas de este instituto jurídico. Como dejamos establecido en el primer capítulo, el derecho de propiedad personal está llamado a fortalecer y garantizar la plena libertad del ciudadano para utilizar los bienes que le pertenecen con el fin de satisfacer sus necesidades materiales y culturales.

La tarea de la regulación jurídica consiste en establecer y garantizar toda la plenitud de los derechos y toda la amplitud de las posibilidades en la utilización de consumo de los bienes. Al mismo tiempo, el derecho de propiedad personal debe garantizar la observación de las reglas fundamentales que caracterizan la propiedad personal en la sociedad socialista: inadmisibilidad de utilizar la propiedad personal para explotar trabajo ajeno, para extraer ganancias no laborales, o para organizar actividades económicas privadas.

Estas tareas fundamentales predeterminan el contenido del derecho de propiedad personal, las facultades del propietario y su ejercicio.

Las facultades principales del propietario (esto se refiere no solo al derecho de propiedad personal) están definidas en el Artículo 19 de los Fundamentos de la legislación civil de la URSS y de las repúblicas federadas, y en los artículos correspondientes de los códigos civiles de estas, donde se dice que son derechos del propietario la posesión, empleo y disposición de los bienes en los límites establecidos por la ley. En estas tres facultades también se expresa el contenido del derecho de propiedad personal.

El propietario puede entregar a otra persona algunas facultades. Por ejemplo, puede entregar un bien suyo para que lo posea temporalmente otra persona, gratis o con una recompensa. O conceder a otra persona derecho a utilizar un bien determinado. En este caso, la persona, a la cual se traslada el ejercicio de algunas facultades, puede adquirir derechos sobre dicho bien. Estos derechos a veces pueden actuar contra el propietario (véase más abajo). Sin embargo, la totalidad de las facultades establecidas en el Artículo 19 de los Fundamentos de la legislación civil solo puede pertenecer al propietario. Detengámonos en cada una de ellas.

1. Posesión

Por posesión se comprende el poseer de hecho una cosa. En este caso hay que tener en cuenta que la posesión no es relación de la persona con la cosa. El derecho es siempre una relación entre los hombres. Al definir la posesión como el poseer de hecho una cosa, tenemos en cuenta las relaciones entre los hombres con motivo de la posesión de hecho por una u otra persona de una u otra cosa.

El derecho de posesión significa que la sociedad garantiza a la persona el poseer una cosa, el estado de la cosa en su posesión de hecho. De esto surge también la obligación de proteger los derechos de la persona que posee la cosa, y surgen as formas específicas de proteger la posesión.

La posesión es una de las facultades más importantes del propietario. Ella está estrechamente ligada con las demás facultades, siendo, simultáneamente, en muchos casos, premisa necesaria para el ejercicio de estas. Así, para utilizar una cosa es necesario, en la mayoría de los casos, poseerla. Con frecuencia la posesión es necesaria para ejercer la facultad de disponer de un bien.

La posesión puede ejercerla el propietario. En este caso ella es una de las facultades de aquél. Pero el propietario puede entregarle la posesión a otra o a otras personas. Por ejemplo, el ciudadano propietario de una casa de campo que se apresta a pasar el verano en otra localidad, puede entregar está en arriendo, dando su posesión al arrendatario. Al entregar sus cosas al transportador (al ferrocarril o a la compañía naviera) para llevarlas al lugar de su destino, el ciudadano traslada a este la posesión de las cosas durante el tiempo que dure el transporte. Un ciudadano puede, durante su ausencia, dejar sus cosas al cuidado de otras personas u organizaciones (depósito de equipajes, casa de empeño, etc.). En todos estos casos, la persona a la cual se traslada la posesión tiene determinado derecho (título jurídico), basado en el correspondiente acuerdo: arriendo, transporte, cuidado, o sobre otra base jurídica.

La posesión puede ser trasladada no por el propietario, ni basada en un acuerdo, sino, a veces, inopinadamente, sin la voluntad del propietario, pero en interés suyo. Por ejemplo, si en ausencia del propietario ocurre un incendio. Las cosas que se puedan salvar (del propietario ausente) se anotan y trasladan para su conservación a la oficina de la administración de viviendas.

En estos casos el poseedor tiene determinada base jurídica de posesión (título de posesión). El Derecho soviético no conoce la protección de la posesión sin título, de la posesión basada solo en el hecho, sin tener el piso jurídico correspondiente. Esto, naturalmente, no significa que, en cada caso aislado, cuando surge la cuestión de proteger la posesión, sea necesario comprobar el título del poseedor. Existe una suposición legítima de que el poseedor es o el propietario, o el poseedor del título. La comprobación del fundamento de la posesión en cada caso solo dificultaría y haría más pesado el trabajo de los tribunales, mientras que en la gran mayoría de los casos no es en realidad necesaria tal comprobación. Solo cuando surge un litigio sobre la licitud de la posesión ejercida por la persona que demanda protección, o en el tribunal surge duda sobre el título de posesión, aquél debe comprobar la existencia de este.

Un ciudadano, al viajar en comisión de servicio por largo tiempo, dejó su automóvil en el garaje. Uno de los vecinos lo abrió y empezó a usar el vehículo. Otro vecino exigía por medio del tribunal la devolución del automóvil. Si el demandado, al cual se dirige la exigencia de devolución, declara que el demandante no es el propietario del automóvil y le impugna el derecho de entablar demanda, el tribunal debe comprobar la base en que se funda la demanda presentada. Si el vecino demuestra que el propietario le encomendó el cuidado del automóvil (para esto no se necesita documento escrito, basta con una encomienda verbal y la entrega de las llaves del garaje), o le dio un poder para conducirlo, el tribunal satisface la demanda. Si resulta que el vecino no tiene base para entablar demanda, porque su exigencia no se funda en un título jurídico, el tribunal le quita el automóvil a la persona que se ha adueñado de él y toma medidas para conservarlo (comisiona a un ejecutor judicial para que selle el garaje y encarga a alguna persona responsable del cuidado o conservación del automóvil, etc.).

Si la posesión no se ejerce por el propietario, la ley distingue los casos de posesión lícita e ilícita. Es lícita la posesión basada en cualquier título jurídico; ilícita es la posesión que carece de tal título.

La posesión del poseedor legal se protege en plena correspondencia con la base en que se funda para ejercerla. Además, ella puede protegerse a veces también contra el propietario. Por ejemplo, si al tener que realizar un viaje, que se prolonga todo un año, un propietario arrendó su casa por ese mismo período de tiempo, y al cabo de tres o cuatro meses se le antojó trasladar a vivir a sus familiares a dicha casa, en este caso la ley protege los derechos del arrendatario: mientras dure la vigencia del contrato a él le corresponde la posesión de la casa. Incluso si el propietario mismo quisiera posesionarse de ella, no tendría derecho de hacerlo (naturalmente, si él no se hubiese puesto de acuerdo con el arrendatario para ello, es decir, si por mutuo acuerdo no hubiesen sido modificadas las condiciones del contrato de arrendamiento).

El propietario tiene derecho de recuperar sus bienes de la posesión ilícita de un extraño, de exigir la devolución o la indemnización de las ganancias que extrajo o podía haber extraído el poseedor.

El poseedor ilegal puede ser *de buena fe* o *de mala fe.*

De buena fe es el poseedor ilegal que no sabía y no podía saber que su posesión es ilegal. Por ejemplo, el ciudadano que ha comprado una motocicleta en un almacén de artículos a comisión, y luego se aclara que dicho vehículo fue robado a su propietario. El comprador no sabía y no podía saber que era poseedor ilegal de la motocicleta. Por lo tanto, se reconoce que es un poseedor ilegal de buena fe.

De mala fe es la persona que sabía o debía saber que su posesión es ilegal. Por ejemplo, el ciudadano que sin consentimiento del propietario ocupa la casa del vecino ausente. El sabe que ocupa una casa ajena, sin tener para esto ningún derecho.

De mala fe es también el poseedor que, aunque no sabía, debía saber que su posesión era ilegal. Por ejemplo, el ciudadano que le compra al vecino una bicicleta, sabiendo que esta pertenecía a otro vecino. En este caso él estaba obligado a informarse con base en que se le vendía una cosa por una persona que no era su propietario[1].

Como ya dijimos, el Derecho soviético no conoce las formas de protección exclusivamente de poseedor, según las cuales se protegerían los derechos del poseedor, independientemente de los fundamentos de su posesión. Con esto se entronca la ausencia en el Derecho soviético de la llamada adquisición por prescripción, es decir, la posibilidad de adquirir el derecho de propiedad por prescripción de la posesión. No importa cuán prolongado sea el tiempo de la posesión por la persona que no tiene fundamentos legales para ejercerla, ella no se transforma en posesión legal, ni convierte al poseedor en propietario.

Cuando se preparaban los Fundamentos de la legislación civil y de los códigos civiles de las repúblicas federadas, en la literatura jurídica se hicieron proposiciones de introducir en el Derecho civil soviético el instituto de la adquisición por prescripción. Para esto se remitían al hecho de que al expirar el plazo de la demanda de prescripción (en la URSS, el plazo de la demanda de prescripción es de tres años) el propietario, que ha perdido la posesión de su propiedad, no tiene derecho a reclamarla al poseedor. En opinión de algunos juristas, se crea una situación indefinida. De una parte, el propietario está privado de la posesión y no puede restablecerla por vía judicial.

De otra, el poseedor continúa siendo ilegal y no tiene derecho sobre la cosa. La propiedad disputada resulta sin dueño y puede ser decomisada por el Estado. Sin embargo, este no está en absoluto interesado en decomisarla.

Como salida de esta situación creada, se proponía introducir la adquisición por prescripción.

Estas proposiciones provocaron una animada discusión, pero como resultado de esta fueron rechazadas. El instituto de adquisición por prescripción no corresponde al carácter de la propiedad personal de los ciudadanos de la URSS, ni a las tareas del Estado socialista para proteger esta propiedad.

¿Qué significa la adquisición por prescripción? Significa, de hecho, que al expirar determinado período de tiempo, la adquisición ilegal de un bien deviene en legal; la conducta ilegal, de mala fe, se declara lícita. Mientras que el derecho de propiedad personal tiene una gran importancia educativa. Él

[1] La cuestión del reclamo de bienes por su propietario al poseedor ilegal se examina en el capítulo VI.

debe educar a los ciudadanos en una actitud cuidadosa y atenta no solo con su propiedad personal, sino también con la propiedad personal de otros ciudadanos, en el respeto a la propiedad adquirida con su trabajo y a la propiedad adquirida por otros con su trabajo.

Sancionando, al expirar determinado plazo, las acciones ilícitas del poseedor y dándole la posibilidad de sacar provecho de sus actos ilegales sobre una base legal, el instituto de la adquisición por prescripción no contribuiría a la educación de los ciudadanos en el espíritu de una actitud cuidadosa y atenta hacia la propiedad personal de los demás. La adquisición por prescripción no es necesaria en el derecho soviético, además, porque los bienes que son propiedad personal de los ciudadanos muy rara vez son objeto de circulación. Ellos se adquieren para satisfacer las necesidades del propietario y los miembros de su familia, y su entrada de nuevo a la circulación es algo excepcional.

Bajo la situación existente, al expirar el plazo de la demanda de prescripción, el poseedor ilegal de un bien no adquiere ningún derecho sobre este.

El propietario conserva el derecho de propiedad sobre la cosa mientras esta se halle en manos del poseedor ilegal; solo que él no puede por vía judicial restablecer su posesión. Pero si el poseedor ilegal, al expirar el plazo de la demanda de prescripción, devuelve voluntariamente la propiedad a su dueño, esto es un acto lícito y significa el restablecimiento de la posesión del propietario.

Es más, al expirar el plazo de la demanda de prescripción, el propietario puede restablecer él mismo la posesión de su propiedad, si no ha violado las normas de la ley penal (si no ha apelado a la arbitrariedad, violencia, etc.).

El ciudadano. A., hallándose en comisión de servicio por largo tiempo, dejó su automóvil y una motocicleta en el garaje, y la llave de este se la entregó a un vecino. El hijo del vecino se apoderó de la motocicleta del ciudadano A. Cuando este regresó no entabló demanda para que se le devolviese la moto. Al cabo de tres años largos, el ciudadano A., viendo que el poseedor ilegal había dejado la motocicleta en la calle, la cogió en su calidad de dueño.

Tal acto del propietario es lícito. Restableció la posesión, aunque el plazo de la demanda de prescripción había expirado. Tal solución del problema está ligado con el carácter de la demanda de prescripción en la URSS. La expiración del plazo de la demanda de prescripción no extingue el derecho material: ella solo priva al dueño de la posibilidad de ejercer este derecho por vía judicial.

El reconocimiento de la persona como propietario de un bien que se halla en posesión ilegal de un extraño, aunque haya expirado el plazo de demanda de prescripción, trae consigo, como vimos arriba, determinadas consecuencias jurídicas, lo que contribuye a una protección más efectiva del derecho de propiedad personal.

2. Uso

El derecho de uso es una de las facultades principales que integran el derecho de propiedad personal. Esto está determinado por el carácter de consumo de la propiedad personal de los ciudadanos de la URSS. El uso de los bienes por el propietario con el fin de satisfacer sus necesidades materiales y culturales constituye la destinación fundamental de la propiedad personal.

La elevación del nivel de vida material y cultural de los ciudadanos, el crecimiento del bienestar de toda la población es una de las tareas básicas del Estado soviético. Ya dijimos que la tarea de satisfacer las necesidades de los ciudadanos se cumple tanto por cuenta de los fondos sociales, como por medio del crecimiento de la propiedad personal de los ciudadanos, usada por ellos directamente para satisfacer sus necesidades. Por esa razón, el Estado se preocupa no solo de garantizar el aumento del salario real, la rebaja de los precios de las mercancías de consumo popular, el mejoramiento de su calidad, la ampliación de la capacidad adquisitiva de los ciudadanos, sino también de prestar ayuda directa para crear y adquirir los artículos para satisfacer las necesidades de los ciudadanos.

En el capítulo IV hicimos referencia a la gran ayuda que presta el Estado a los ciudadanos para la construcción de viviendas individuales y, sobre todo, de grandes edificios de apartamentos, para la construcción de hoteles-pensión cooperativos, para la organización de sociedades camaraderiles de horticultores, etc. La venta de mercancías a plazos, que se extiende cada vez más, presta una gran ayuda a los ciudadanos para adquirir artículos de consumo, especialmente de larga duración.

Todas estas medidas van dirigidas a elevar el bienestar de los ciudadanos y aumentar su propiedad personal, usada para satisfacer las necesidades de su dueño, o sea, para que este pueda ejercer la facultad de uso.

Ayudando ampliamente a los ciudadanos para que adquieran objetos de derecho de propiedad personal, protegiendo a plenitud sus derechos y garantizándoles completa libertad de uso de la propiedad personal para satisfacer sus necesidades, el Estado, al mismo tiempo, le plantea al propietario determinadas exigencias, dirigidas a proteger los derechos e intereses de todos los ciudadanos y de la sociedad.

El Artículo 5 de los Fundamentos de la legislación civil y los artículos correspondientes de los códigos civiles de las repúblicas federadas establecen que los derechos civiles son protegidos por la ley, con excepción de aquellos casos, cuando ellos se ejercen en contradicción con los fines de estos derechos en la sociedad socialista, en el período de la construcción del comunismo. Al ejercer sus derechos y cumplir sus obligaciones los ciudadanos deben observar las leyes, respetar las reglas de la convivencia socialista y los principios morales de la sociedad, constructora del comunismo. Esto significa que el derecho de propiedad personal no puede ser utilizado en contradicción con su fin fundamental. No puede ser ejercido en detrimento de otros ciudadanos, para causarles incomodidades, intranquilidad, etc. Esta disposición general se concretiza en otros artículos de los códigos civiles.

Simultáneamente, esta regla es la piedra de toque de la licitud de las acciones del propietario. Por ejemplo, la propiedad personal no puede ser usada para crear incomodidades y obstáculos a otros ciudadanos. Por eso rigen determinados reglamentos de uso de los automóviles, motocicletas y otros medios de transporte personal, lo mismo que para el uso de radiorreceptores. Así, en muchas ciudades se prohíbe sintonizar a todo volumen los radiorreceptores y radiolas, después de determinada hora de la noche. Los propietarios de casas de habitación deben observar el aseo de estas y mantener limpios y en orden los alrededores de sus viviendas. Al construir una nueva vivienda es necesario observar las exigencias de la construcción urbana y rural. Todas estas disposiciones están enderezadas a compaginar la protección de los derechos de propiedad y los intereses del propietario con los intereses de los demás ciudadanos.

Haciendo uso de los bienes personales que les pertenecen, los propietarios pueden extraer de ellos utilidades permitidas por la ley. Conforme al Artículo 140 del Código civil de la SFSR y a los artículos correspondientes de los códigos civiles de las otras repúblicas federadas, los frutos, crías de animales, utilidades aportadas por una cosa, pertenecen a su propietario, en tanto que la ley (o un contrato del propietario con otras personas) no disponga otra cosa. Los koljosianos, los obreros y los empleados en las localidades rurales, en los barrios obreros y en las zonas aledañas a las grandes ciudades tienen su economía auxiliar, la cual, como regla, por su carácter, es fundamentalmente de consumo. Sin embargo, los ingresos crecientes de los trabajadores, provenientes de su participación en la economía social, les dan la posibilidad de desembarazarse gradualmente de la explotación de su economía auxiliar. Este proceso se adelanta por medio del empleo de estímulos puramente económicos.

De modo que participando activamente en la economía social (en el koljós, en la empresa o en la institución) o disfrutando de pensión o estipendio, los ciudadanos pueden también laborar en su economía auxiliar y consumir su producción, y si les quedan remanentes de esta, la venden en el mercado koljosiano. Pero la propiedad personal bajo ningunas circunstancias puede ser usada para explotar trabajo ajeno. Esto contradice los fundamentos del Estado y la sociedad soviéticos, esto está terminantemente prohibido por la Constitución de la URSS. El propietario de una casa, con parcela aneja a la misma, no tiene ningún derecho de contratar a otros ciudadanos para el laboreo de la parcela, o para cuidar el ganado, con vistas a vender luego la producción obtenida.

Tampoco se admite usar la propiedad personal para actividades económicas privadas. El rasgo fundamental de la propiedad personal en la sociedad socialista es su carácter de consumo. La producción es social. Por eso, usar los bienes que pertenecen a un ciudadano a título de propiedad personal para organizar producción privada contradice los fundamentos del régimen soviético.

Como ya dijimos en el capítulo I, la ley soviética permite la existencia de la pequeña economía privada, que excluye la explotación de trabajo ajeno, basándose en el trabajo personal. El Estado socialista soviético reglamenta rigurosamente aquellos tipos de actividad que pueden realizarse en tal economía privada. Se reglamenta igualmente la administración de esta economía, se controlan sus ingresos y se cobran los impuestos correspondientes.

Todo esto es absolutamente inaplicable a la propiedad personal. El uso de esta, según su destinación inmediata, no se somete de ninguna manera a control alguno. El propietario es libre de usar sus bienes para satisfacer sus necesidades.

En esto radica una de las diferencias esenciales entre la propiedad personal v la propiedad de las personas que se ocupan en una pequeña economía privada, que autoriza la ley.

Usando la propiedad personal para satisfacer sus necesidades, recibiendo los frutos, las crías de los animales, extrayendo las utilidades aportadas por una cosa, el propietario no tiene derecho de usar sus bienes para extraer sistemáticamente utilidades no laborales. Si los bienes que se hallan en propiedad del ciudadano se usan sistemáticamente para extraer utilidades no laborales, entonces tales bienes se decomisan sin indemnización por vía judicial (Artículo III del Código civil de la RSFSR y los artículos correspondientes de los códigos civiles de las otras repúblicas federadas). La severa sanción de esta norma está condicionada por el hecho de que el uso de los bienes para extraer utilidades no laborales contradice su función básica. El Artículo III del Código civil garantiza la observación de una de las exigencias más importantes de la moral y el derecho socialistas. La extracción de utilidades no laborales de la propiedad personal contradice también la moral de la sociedad soviética y las disposiciones constitucionales básicas.

Importa señalar que las disposiciones básicas de la moral y del derecho socialistas han penetrado tan profundamente en la vida y la conciencia de los ciudadanos soviéticos, que muy rara vez es necesario aplicar el artículo en cuestión.

Es necesario también no perder de vista que la ley establece una serie de garantías para la correcta aplicación de este artículo. La incautación de los bienes, utilizados para extraer utilidades no laborales, se produce solo por la vía judicial. Las demandas para tal incautación pueden presentarlas los comités ejecutivos de los Soviets de diputados de los trabajadores locales. Esto asegura la amplia participación de la opinión pública en el examen del asunto antes de trasladarlo a los tribunales. La opinión pública puede prevenir las tentativas aisladas o una marcada tendencia del propietario a usar indebidamente los bienes de su propiedad. Si las medidas de influjo social no resultan efectivas, el asunto se traslada a un tribunal. La vista de la causa garantiza el examen efectivo y multilateral de todas las circunstancias concretas del asunto. Así, el Artículo III del Código civil de la RSFSR prevé la incautación de los bienes solo cuando son usados *sistemáticamente por* su propietario para extraer utilidades no laborales. Esta circunstancia la comprueba minuciosamente el tribunal.

Solo en los casos, muy raros por cierto, en que las medidas de influjo social no dan resultado, después de que el tribunal ha investigado todas las circunstancias del asunto y llega a la conclusión de que los bienes se emplean sistemáticamente para extraer utilidades no laborales, tales bienes se incautan a favor del Estado.

Importa remarcar que la disposición de incautación de bienes, usados para extraer utilidades no laborales, tiene un carácter rigurosamente limitado. No toda utilidad, ni mucho menos, extraída por el propietario de sus bienes, es utilidad no laboral, en el sentido del Artículo III del Código civil de la RSFSR. Así, los ciudadanos que depositan su dinero en las cajas de ahorros y en otras instituciones de crédito, reciben intereses por sus depósitos. Los propietarios de obligaciones de empréstitos estatales premiados reciben premios, que caen en sus obligaciones. El recibo de estas utilidades no se cataloga como ingreso no laboral en el sentido del Artículo III ya referido, por cuanto aquí el Estado, en cierta medida, recompensa a los ciudadanos por el hecho de que los medios que les pertenecen los emplean no para satisfacer sus necesidades corrientes, sino para entregárselos al Estado para que los utilice temporalmente.

Tampoco se considera utilidad no laboral, en el sentido del Artículo III del Código civil de la RSFSR, la renta que percibe el propietario por el alquiler de una casa de habitación, o de una casa de campo con sus instalaciones, si se observan las condiciones previstas por la ley, especialmente en lo que se refiere al monto de dicha renta. La renta que recibe el propietario en este caso no se puede considerar utilidad no laboral, por cuanto ella compensa los gastos que este hace para el mantenimiento del edificio, reparaciones corrientes, etc. Así pues, el Artículo III del Código civil de la RSFSR se aplica solo cuando el propietario consciente y sistemáticamente infringe los principios fundamentales de la moral y el derecho soviéticos.

La ciudadana B., teniendo un apartamento magnífico en Riga, era propietaria de una casa grande, que alquilaba a diez familias, a elevados precios de especulación. También tenía una casa de campo cuya mayor parte daba en alquiler a precios especulativos. Para extraer mayor utilidad, alquilaba habitaciones por breve tiempo, subiéndole el alquiler a cada nuevo inquilino y exigiendo el pago por adelantado. No se preocupaba en absoluto del cuidado y mantenimiento de la casa, le cargaba todos los gastos de reparación a los inquilinos.

Todos estos hechos fueron plenamente demostrados en el juicio que se le siguió. Es perfectamente comprensible que al confiscarle la casa y la casa de campo y trasladarlas al fondo de viviendas del Estado para que este las entregase a personas que necesitaban vivienda, tales medidas provocaran la aprobación general de los ciudadanos.

En los raros casos en que se aplica la confiscación de los bienes, utilizados para extraer sistemáticamente ingresos no laborales, la ley castiga al propietario, pero, al mismo tiempo, protege sus intereses de consumo. Si por el uso de los bienes para extraer utilidades no laborales, el Soviet local confisca la casa, o la casa de campo, en la cual vive el propietario solo o con su familia, ellos pueden quedarse viviendo en la habitación que ocupan.

El ciudadano B. tenía, en los alrededores de Moscú, una casa de ocho habitaciones y un ala edificada en el patio. El y su mujer ocupaban dos habitaciones, y las seis habitaciones restantes y el ala las daban en arriendo a inquilinos por variado tiempo y a precios de especulación. El propietario y su mujer no trabajaban en ninguna parte, pues extraían de su casa una gruesa suma de utilidad y poco les preocupaba el estado del edificio. Todas las medidas de influjo social resultaron estériles.

Habiendo examinado esta causa, el tribunal tomó la decisión de confiscar la casa, permitiendo que el ciudadano B. y su mujer continuaran viviendo en las dos habitaciones que ocupaban; en las restantes habitaciones se domiciliaron varias familias de trabajadores. Entre estas algunas que ya antes vivían allí. La administración de la casa pasó a la oficina estatal de vivienda. Los inquilinos, en vez de los altos precios de especulación que pagaban antes, empezaron a pagar el alquiler establecido por la ley, y el mantenimiento y cuidado del edificio quedó a cargo de la oficina mencionada.

El tribunal también puede privar al propietario y a las personas que vivan con él del derecho de usar el área de vivienda en la casa confiscada. Pero si estas personas no tienen otra vivienda, apta para residencia permanente, el comité ejecutivo del Soviet local, al cual se le ha entregado la casa confiscada, debe concederles otra vivienda. El traslado del propietario con su familia a una vivienda concedida por el Soviet local, tiene lugar, habitualmente, cuando la casa confiscada se destina íntegramente para algún fin determinado. Por ejemplo, para una casa-cuna, jardín infantil, etc.

Ofreciendo a los ciudadanos las más amplias posibilidades de usar los bienes de propiedad para satisfacer sus necesidades de acuerdo con las inclinaciones, gustos y deseos de cada uno, el Estado, al mismo tiempo, no permite el uso bárbaro e irracional, que destruye valores creados que tienen importancia social. Es sabido que en la actual etapa tiene gran importancia el programa de satisfacer las necesidades de vivienda de los ciudadanos. Por eso el Estado no permite el uso indebido y negligente de las casas de habitación, incluso si el propio dueño se permite tales licencias.

El Artículo 141 del Código civil de la RSFSR y los artículos correspondientes de los códigos civiles de las otras repúblicas federadas contemplan la posibilidad de confiscación de la casa, si el dueño la administra con descuido y permite su destrucción. Sin embargo, tal medida se aplica solo observando toda una serie de requisitos.

El problema de la confiscación no puede planteársele inopinadamente al propietario. Si este administra su casa con descuido, permitiendo su destrucción, el comité ejecutivo del Soviet local puede fijarle un plazo prudencial para repararla. La ley habla de un «plazo adecuado». Esto significa que el plazo debe fijarse teniendo en cuenta las condiciones técnicas de la reparación y las posibilidades del propietario. Por ejemplo, si la casa no se ha reparado durante un largo período debido a enfermedad del propietario, o por ausencia de este, o por otras causas, el Soviet local fija el plazo para hacer la reparación, teniendo en cuenta las posibilidades del dueño. Los Soviets locales prestan ayuda frecuentemente en la reparación y mantenimiento de las casas. Gran ayuda presta el vecindario, especialmente la juventud, cuando la casa no se repara debido a que el dueño, por la vejez y la mala salud, tiene dificultades para repararla.

Ahora bien, cuando el propietario, sin causas justificadas, deja sin cumplir la reparación de la casa en el plazo establecido, el tribunal, por demanda del comité ejecutivo del Soviet local, puede confiscar la casa sin indemnización. Esta es una medida de protección del fondo de viviendas. La concesión al propietario de un plazo para reparar la casa y la ayuda que recibe para ejecutar los trabajos que esto requiere conducen, en la mayoría de los casos, a hacer innecesaria la confiscación y a conservar en buen estado la vivienda. Por lo general, solo se confiscan casas deshabitadas, cuyos dueños no tienen interés en conservarlas.

La ley regula especialmente los casos en que un ciudadano es propietario de bienes que tienen considerable valor histórico, artístico u otra característica de interés para la sociedad: bibliotecas, colecciones de obras pictóricas, colecciones de documentos, obras de arte, etc. Tales bienes se hallan a veces en poder de personas que no tienen idea de su importancia social y no los cuidan debidamente.

El ciudadano L., en el curso de varias décadas, coleccionó cuadros de determinada tendencia artística. Después de su fallecimiento, la colección cayó en poder de un heredero que no era entendido en cuestiones de pintura y que desconocía los métodos de conservación de tales obras. Los valiosos lienzos fueron sacados de los marcos, enrollados y colocados en una habitación húmeda, sin calefacción. La colección, producto de muchos años de trabajo, quedó así expuesta casi a su completa destrucción.

En estos, casos, las organizaciones estatales, encargadas de proteger tales bienes, tienen derecho de advertir al propietario que debe cesar en su negligente actitud hacia los mismos. En dichas organizaciones entran: museos de etnografía territorial, departamentos de cultura, direcciones de conservación de monumentos, direcciones de archivo estatal y otras. Estas instituciones no solo previenen al propietario, sino también lo instruyen en los métodos de conservación de tales obras, porque muchas veces el descuido en el mantenimiento de los valores culturales obedece a la ignorancia del propietario, a su desconocimiento de los métodos adecuados de conservación de uno u otro valor artístico, cultural. Además, ellas comprueban periódicamente cómo adelanta el propietario la conservación de este tipo de bienes.

Si el propietario no cumple las exigencias de proteger adecuadamente los bienes citados, por demanda de la organización correspondiente, los tribunales pueden confiscarlos. En tal caso, los valores culturales confiscados pasan a ser propiedad del Estado, y el dueño recibe una indemnización. El monto de esta se establece por mutuo acuerdo, si no se llega a un acuerdo el tribunal determina la suma que se debe pagar. Generalmente, este se apoya en los datos de los expertos, incorpora a los peritos que se encargan de hacer el avalúo de los bienes confiscados.

Las disposiciones examinadas tienen como fin conservar para la sociedad aquellos valores históricos, artísticos o de otra índole, que representan un interés social. Al mismo tiempo, aquí se protegen con suficiente amplitud los intereses de los propietarios. Si el propietario está interesado en conservar dichos valores, debe tomar todas las medidas para preservarlos; pero si no está interesado en ellos, los entrega a la institución correspondiente y recibe la compensación a que tenga derecho.

Hemos enumerado aquí los requisitos que exigen el Estado y la sociedad al propietario personal, a fin de que al ejercer sus derechos no perjudique los intereses de otros ciudadanos, ni los intereses de la sociedad. Como se ve por la exposición que hemos hecho, estos requisitos son muy limitados y, en esencia, en nada restringen la libertad del propietario para satisfacer razonablemente sus necesidades. En todo lo demás, del propietario mismo depende cómo utiliza los bienes que le pertenecen para satisfacer sus necesidades.

3. Disposición

Por disposición se comprende la posibilidad del propietario de resolver el destino jurídico de una cosa. La disposición es una facultad que se ejerce solo por el propietario. Incluso en aquellos casos en que este le entrega a otra persona el llamado poder total, que incluye también el derecho de disposición, en resumidas cuentas, la disposición se ejerce por el propietario.

El contenido de la facultad de disposición, ejercida por el propietario personal, se determina por el contenido fundamental del derecho de propiedad personal. Por eso, en la inmensa mayoría de los casos, el derecho de disposición de la propiedad personal consiste en el consumo de los bienes por el propietario, es decir, coincide con el derecho de uso. Sin embargo, para satisfacer las necesidades del propietario a veces es necesario que la disposición no coincida con el uso, con el consumo de la cosa. Los bienes, que son objeto de propiedad personal, constituyen una parte materializada de los ingresos laborales del propietario. Del criterio de este depende cómo dispone de estos bienes: si los conserva para sí, o traslada el derecho de propiedad sobre ellos a otra persona, o los traslada para uso temporal, etc. En este campo el propietario puede entrar en todas las relaciones jurídico-civiles posibles, concluir contratos y hacer transacciones.

Veamos algunos tipos principales de transacciones por medio de los cuales se ejercen las facultades de disposición de la propiedad personal.

Una de las formas principales de disposición de los bienes bajo la cual se conserva el derecho de propiedad y se transmite el derecho de posesión, es el *alquiler de bienes*. El ciudadano que temporalmente no usa un bien que le pertenece, puede darlo para que lo usen otras personas a cambio de una compensación o gratuitamente.

La concesión gratuita de bienes para su uso está muy extendida en la práctica soviética. En ella se expresa más plenamente el carácter de la propiedad personal como instituto del derecho socialista. El ciudadano, que temporalmente no usa un bien de su propiedad, lo entrega en usufructo al que lo necesite, sin recibir por ello pago alguno. El usufructuario, en este caso, tiene la obligación de garantizar el cuidado de tal bien.

La persona, a la cual se le ha concedido un bien gratuitamente, está obligada a usarlo de acuerdo con el contrato y la destinación de aquél. Debe mantenerlo en buen estado, reparándolo por su cuenta (si en el contrato no se establece otra cosa), y correr con los gastos de mantenimiento del mismo. El que ha recibido un bien para usarlo gratuitamente, tiene derecho para prestarlo a un tercero solo con el consentimiento del propietario, quedando siempre responsable ante este. Si viola este requisito y transfiere el bien para que lo use un tercero, el propietario tiene derecho a rescindir el contrato y reclamar la devolución de su propiedad.

Si el contrato de uso gratuita de un bien fue concluido sin indicar plazo de vencimiento, en caso de que el derecho de propiedad pase a otra persona, esta última puede exigir la anulación inmediata del contrato e incautar la cosa. El contrato de uso gratuito tiene en cierta medida un carácter personal, su expiración sobreviene en caso de muerte del propietario. El contrato, concluido en vida de este, no obliga a los herederos.

Los derechos y obligaciones de las partes en un contrato de uso gratuito de un bien coinciden en mucho con los derechos y obligaciones en un contrato de alquiler de bienes. Las particularidades citadas del contrato de uso gratuito de un bien, que lo distinguen del contrato de alquiler de bienes, están condicionadas por el contenido de las relaciones que lo generan: aquí el usuario explota un bien ajeno, sin dar al propietario el equivalente. El contrato de uso gratuito se emplea principalmente respecto a objetos de economía doméstica y medios de transporte.

El préstamo de dinero que un ciudadano le hace a otro (contrato de préstamo) lo considera invariablemente el derecho soviético enteramente gratuito. El pago de intereses de un ciudadano a otro, por una deuda, contradeciría todo el régimen de las relaciones socialistas. El préstamo de dinero —en la práctica soviética— es un servicio de amistad, de ayuda camaraderil, por el cual sería indecoroso recibir compensación.

Según el contrato de alquiler de bienes, el propietario le entrega al arrendatario un bien para que lo use temporalmente, pagando una determinada suma de dinero. En este caso, los derechos del arrendatario y los deberes del propietario se determinan habida cuenta de que este recibe una compensación en dinero por entregarle a aquél un bien para que lo use. Por eso, si el propietario, habiendo celebrado un contrato de alquiler de bienes, no le entrega para su uso al arrendatario el bien dado en alquiler, este tiene derecho a reclamarle la entrega del bien arrendado y a exigir la indemnización de las pérdidas que le ocasione la ejecución demorada del contrato. En este caso el arrendatario también goza del derecho de exigir el cumplimiento del contrato, y también de renunciar a él y cobrar las pérdidas causadas por su incumplimiento.

El arrendatario está obligado a mantener en buen estado los bienes alquilados, a repararlos por su cuenta y cubrir los gastos de mantenimiento. También está obligado a pagar oportunamente el alquiler. Además, tiene derecho a solicitar la rebaja del precio del alquiler, si en virtud de circunstancias por las cuales el arrendatario no responde, las condiciones para el uso, previstas en el contrato, o el estado de los bienes empeoraron considerablemente.

A diferencia del contrato de uso gratuito de un bien, el contrato de alquiler de bienes conserva su vigencia también al pasar la propiedad a manos de otro dueño. El contrato de alquiler de bienes no pierde su vigencia por fallecimiento del propietario o del arrendatario. Los derechos y deberes que emanan de él pasan a los herederos hasta que expire el plazo para el cual ha sido concluido el contrato. Al vencerse el contrato, el arrendatario está obligado a devolver al dueño la propiedad en el mismo estado en que la recibió, teniendo en cuenta el desgaste natural o lo estipulado en el contrato. Si el arrendatario le causa un deterioro al bien alquilado, debe indemnizar al dueño por la pérdida. Pero puede liberarse de la obligación de indemnizar los daños si demuestra que no es culpable de los desperfectos que sufra la propiedad.

El arrendatario puede hacer mejoras a la propiedad, pero solo con autorización del dueño. En ese caso tiene derecho a que se le reembolsen los gastos efectuados con tal fin (si la ley o el contrato no disponen otra cosa). Si las mejoras las hace el arrendatario sin autorización del dueño, la ley le concede a este la posibilidad de decidir si reembolsa el valor de las mejoras o no. Si se le niega la indemnización de los gastos, el arrendatario puede retirar las mejoras que ha hecho, en caso de que puedan ser retiradas sin dañar la propiedad, de lo contrario no las puede retirar.

Como se desprende de esta breve exposición de las normas que regulan el alquiler de bienes, la ley conjuga aquí los intereses del propietario con los intereses del arrendatario.

Nos hemos detenido muy poco en las relaciones de alquiler de bienes porque en realidad ellas no ocupan un lugar considerable en la práctica. Si un ciudadano, por una u otras causas, no usa un bien que es de su propiedad, pero quiere conservarlo, por lo común lo cede a otras personas para que lo usen temporalmente en forma gratuita, en la mayoría de los casos.

Solo hay un tipo de alquiler de bienes que está ampliamente extendido en la práctica: el alquiler de habitaciones.

Como ya dijimos, la solución del problema de la vivienda es uno de los problemas más agudos de la actualidad. En la URSS, este es un asunto de toda la sociedad y del Estado. El Estado soviético lleva a cabo un trabajo colosal con vistas a darle cima a esta tarea. La guerra con la Alemania fascista le ocasionó al país inmensas destrucciones. Centenares de ciudades y aldeas fueron total o parcialmente destruidas. Ciudades como Minsk, Volgogrado, Sebastopol, Oriol, Vítebsk, Vorónezh y muchas otras, después de la guerra, tuvieron que ser construidas de nuevo. Millones de ciudadanos quedaron sin techo, pues las localidades donde residían fueron transformadas por los asesinos hitlerianos en «zonas desiertas». Todo esto dificultaba dotar a los ciudadanos de habitación. Sin embargo, como resultado de la construcción masiva estatal de viviendas, las necesidades de la población en este campo se satisfacen de año en año más y más plenamente.

En estas condiciones, la utilización del fondo de viviendas, que pertenece a los ciudadanos, en derecho de propiedad personal, es, sencillamente, una necesidad. Por esa razón, los dueños de casas de vivienda, en las cuales hay habitaciones libres, las alquilan a las personas que tienen necesidad de vivienda. Tal empleo de la propiedad personal es admitido por la ley y no contradice su función, si con esto no se persigue la extracción sistemática de utilidades no laborales, acerca de lo cual ya informamos a los lectores.

En los Fundamentos de la legislación civil y de los códigos civiles de las repúblicas federadas se regulan detalladamente las relaciones del alquiler de viviendas, partiendo del hecho de la gran importancia social que tiene la satisfacción de la demanda de viviendas. Además, la ley protege efectivamente y garantiza los derechos de los inquilinos de casas que pertenecen a los Soviets locales, a las organizaciones estatales, sociales, cooperativas y otras. La ley concede a los inquilinos amplios derechos para exigir la satisfacción de sus necesidades de vivienda, protege el derecho al uso de la vivienda, no permite el desahucio (salvo en casos excepcionales, cuando el inquilino destruye las habitaciones ocupadas por él, hace imposible la convivencia con los vecinos, etc.).

Regulando las relaciones del alquiler de habitaciones en casas de propietarios individuales, la ley compagina la protección de los intereses del inquilino con la defensa de los intereses del propietario. Por eso, el contrato de arrendamiento de habitaciones en casas de propietarios particulares, se diferencia considerablemente del contrato de arrendamiento en casas del fondo estatal y social. Aquí el Estado se preocupa en igual medida por el ciudadano-propietario y por el ciudadano-arrendatario.

Los apartamentos de los edificios pertenecientes al fondo estatal y social se conceden a los inquilinos mediante la resolución respectiva de los comités ejecutivos de los Soviets locales, con la participación de los representantes de las organizaciones sociales. En las casas de propiedad personal de los ciudadanos las habitaciones pueden alquilarse según el parecer de estos. El dueño puede alquilar una parte no utilizada de la casa, y si, por ejemplo, se traslada por cierto tiempo a otro lugar puede alquilar toda la casa.

En los edificios del fondo estatal y social, según el contrato, se pueden alquilar solo habitaciones independientes. Esta regla, dirigida a defender los intereses del inquilino, no rige con respecto a las casas de propietarios individuales. En estas se puede alquilar una pieza comunicada con el paso obligado del dueño, o una pieza comunicada con otra, etc. Esto depende de la voluntad del dueño y del inquilino.

En la fijación del plazo del contrato también hay diferencias esenciales. En los edificios del fondo de viviendas estatal y social, el contrato de arrendamiento se celebra por un plazo de cinco años prorrogables. El contrato de alquiler de vivienda en las casas de propietarios particulares tiene una vigencia que se determina por mutuo acuerdo de las partes. Por ejemplo, un ciudadano, que viaje al Sur para pasar allí el verano, puede alquilar su casa por 1 o 2 meses. Pero cuando en la casa de propiedad personal hay habitaciones libres, el dueño puede alquilarlas por largo tiempo.

Los derechos de los inquilinos también se diferencian considerablemente. En los edificios del fondo estatal y social, el inquilino tiene derecho a domiciliar a su esposa en la habitación que ocupa, lo mismo que a sus hijos, padres, parientes y mantenidos incapacitados para trabajar, si los miembros mayores de edad de la familia están de acuerdo. En este caso no se requiere el consentimiento del arrendador. Del inquilino y de los miembros de su familia depende si se estrechan un poco para darle albergue a sus parientes.

En las casas de propietarios individuales, el inquilino puede domiciliar, en la habitación alquilada por él, solo a sus hijos menores de edad. En todos los demás casos se requiere el consentimiento del arrendador. Esto se explica por el hecho de que, para el dueño, que alquila una habitación, tiene vital importancia quién vive en su casa. Por eso, sin su autorización, el inquilino no puede domiciliar a nadie. Pero, naturalmente, no se puede privar a los padres del derecho de domiciliar junto con ellos a sus hijos menores de edad. Por tal razón, aquí los intereses del propietario deben ceder ante los del inquilino. En los códigos civiles de las repúblicas federadas —República Socialista Federativa Soviética de Rusia y República Socialista Soviética de Letonia— se establece que, sin autorización del dueño de la casa de habitación, el inquilino puede domiciliar a la esposa y a los padres incapacitados para trabajar, si ocupa una habitación independiente.

No permitiendo el uso de la casa de habitación (como de ningún otro bien) para extraer utilidades no laborales, la ley regula el precio de los alquileres en las casas de propietarios particulares. Esta renta es más elevada que la que se paga en las casas del fondo estatal y social de viviendas. Como dijimos en el capítulo I, la renta en estas no cubre siquiera los gastos de mantenimiento y el Estado tiene que invertir para ellos sumas considerables. Con el fin de proteger los intereses de los propietarios de casas de habitación, a estos se les concede derecho a recibir una renta más alta. Sin embargo, esta no debe sobrepasar los límites de las tarifas que se establecen en las resoluciones de los consejos de ministros de república. En algunas repúblicas (Ucrania) la ley estipula que la renta en las casas de propietarios individuales no debe ser superior más de un 20% a la que rige en las casas del fondo estatal y social.

En los Fundamentos de la legislación civil y en los códigos civiles de las repúblicas federadas se enumeran exhaustivamente los motivos para desahuciar a los ciudadanos de las viviendas ocupadas por ellos. La lista de aquéllos es por cierto muy reducida. En los edificios del fondo de viviendas estatal y social no figura entre tales motivos el no pago de la renta. El Código civil de la RSFSR de 1922 (y los códigos civiles de otras repúblicas federadas) preveían ese motivo para el desahucio, pero la práctica de muchos años demostró que ya no era necesario. Debido al insignificante lugar que ocupa en el presupuesto de la familia el pago del alquiler en las casas del fondo estatal y social, no fue necesario, en el curso de muchos años, entablar ninguna demanda de desahucio por este motivo. En los contadísimos casos en que surgió la necesidad de cobrar deudas atrasadas por no pago de alquiler, estas se cubrieron fácilmente con descuentos del salario de la pensión del inquilino. Por esa razón en los Fundamentos de la legislación civil y en los códigos civiles de las repúblicas federadas este motivo quedó excluido como causa de desahucio con respecto a las casas del fondo estatal y social de viviendas.

Sin embargo, defendiendo los intereses de los propietarios, la ley establece la posibilidad del desahucio por este motivo de las casas de propiedad personal. Si en la casa de un propietario individual el inquilino sistemáticamente no paga la renta, aquél tiene derecho a exigir su desahucio. Aquí los intereses del inquilino se compaginan con los del propietario.

Para satisfacer mejor la demanda de vivienda, la ley establece que el inquilino tiene derecho de cambiar la habitación que ocupa por la de otro inquilino, con el mutuo traslado de los derechos y deberes correspondientes. En los edificios del fondo de viviendas estatal no se requiere autorización del arrendador para realizar tal cambio. Sin embargo, en las casas de propiedad personal tal cambio se admite solo con el consentimiento del arrendador. Esto obedece a que las relaciones de alquiler de vivienda en las casas de dueños particulares revisten considerablemente carácter personal, y para el arrendador tiene importancia esencial quién vive en la habitación alquilada. Sin su consentimiento nadie puede domiciliarse en esta última.

Una de las garantías más importantes en defensa de los derechos de los ciudadanos a la vivienda es el derecho de los inquilinos, consagrado en la ley, a renovar el contrato de arrendamiento. Este derecho se concede tanto en los edificios del fondo estatal y social de viviendas como en las casas de dueños particulares. Sin embargo, aquí también existen diferencias considerables, motivadas por la necesidad de compaginar los intereses del propietario y del inquilino.

En los edificios del fondo estatal y social de viviendas, el arrendador puede impugnar en un tribunal el derecho del inquilino a renovar el contrato solo en un caso: si el inquilino sistemáticamente elude el cumplimiento de las obligaciones contractuales (destruye el apartamento que ocupa, no lo usa conforme al contrato, etc.). Prácticamente, la denegación a renovar el contrato no ocurre nunca. Si los actos del inquilino dan base para exigir su desahucio, este se produce independientemente de la expiración del plazo del contrato (tal desahucio se produce muy rara vez). Si el ciudadano respeta las estipulaciones del contrato la expiración de este no da base para suspenderlo y exigir el desahucio.

En las casas de propietarios individuales el inquilino también tiene derecho a la renovación del contrato. Sin embargo, aquí este derecho sufre algunas modificaciones en favor de los intereses del propietario. Por eso la ley distingue dos casos. Si el inquilino vive en una habitación según contrato concluido por el plazo de un año, con la obligación de desocuparla al vencer dicho plazo, no tiene derecho a renovar el contrato. Esta disposición protege los intereses del propietario y no afecta los del inquilino. De este depende firmar o no firmar el contrato en estas condiciones. Por ejemplo, un ciudadano con su familia ocupaba una casa grande; poco a poco los hijos se trasladaron a distintos lugares y quedó un apartamento libre en la casa. Un hijo del dueño, al terminar los estudios en una escuela superior en otra ciudad, debe regresar al hogar paterno dentro de un año, pues aquí va a trabajar permanentemente. El padre, en estas condiciones, podía alquilar el apartamento por un año, estipulando la obligación del inquilino de entregarlo al expirar dicho plazo. Si al inquilino le conviene vivir un año en el apartamento, hace el contrato; pero si necesita alquilar un apartamento por período más largo, no hace tal contrato.

Ahora bien, si la habitación fue alquilada por un plazo más largo, a su expiración (como en los edificios del fondo estatal y social) el inquilino tiene derecho a renovar el contrato. Sin embargo, cuando se establece que la vivienda es necesaria para el uso personal del propietario y de los miembros de su familia, se niega la renovación del contrato al inquilino. La ley protege al propietario, porque aquí se defienden sus intereses de consumo.

La disposición sobre el derecho de prioridad del inquilino, que vive en la casa de un propietario particular, a la renovación del contrato tiene por fin impedir la especulación con las casas de vivienda. Por eso la ley no permite el desahucio del inquilino para darle la habitación a otro, en condiciones más ventajosas para el dueño. Aquí la ley defiende los intereses del inquilino. Pero si se trata de satisfacer necesidades de vivienda del propietario y de su familia, entonces se da prioridad a los intereses del dueño.

La ciudadana A. perdió a su marido durante la guerra, quedó sola con dos pequeños hijos y tuvo que dar en alquiler un apartamento al ciudadano V., estrechándose un poco para poder conservar su casa. Años más tarde, cuando los hijos llegaron a la adolescencia y la situación material de la ciudadana A. mejoró, exigió el desahucio del ciudadano B. para utilizar el apartamento con vistas a acomodar más racionalmente a su familia. El tribunal satisfizo la solicitud de la citada ciudadana y desahució al inquilino.

Hablando del alquiler de habitaciones en las casas de vivienda de propietarios individuales, importa tener en cuenta que tal disposición de estas propiedades se reduce gradualmente. Se alquilan habitaciones sobre todo en las casas viejas. En las nuevas casas, cuyo número aumenta más y más, no se alquilan habitaciones, pues se construyen únicamente para satisfacer las necesidades de la familia.

Uno de los modos de disposición de los bienes es la *venta de* los mismos. El propietario puede poner fin a las relaciones de propiedad personal vendiendo los bienes que le pertenecen. Esto depende enteramente del parecer del propietario. Las condiciones de venta, precio y otras formalidades dependen del acuerdo entre el vendedor y el comprador. La venta por los ciudadanos de bienes que les pertenecen tiene lugar cuando realizan los sobrantes de producción de la economía auxiliar doméstica. El ciudadano puede vender una cosa que no necesita. Por lo general, esto se hace a través de los almacenes de comisiones estatales, de los puntos estatales de compra y otros. El ciudadano también puede vender directamente una cosa de su propiedad a otra persona.

Rigen condiciones complementarias cuando se trata de la venta de la casa de habitación. Como ya dijimos, un ciudadano o los esposos que viven conjuntamente y sus hijos menores de edad pueden tener solo una casade habitación de su propiedad. Pero se pueden dar casos en los cuales resulten siendo propietarios de dos casas de habitación con base en lo aceptado por la ley. Por ejemplo, el esposo, la esposa y los hijos viven en una casa, adquirida durante el matrimonio, que es propiedad conjunta de los cónyuges. Al morir los padres de la esposa, que vivían en casa propia, ella recibe por herencia una segunda casa. Aquí los cónyuges tienen derecho a escoger qué casa dejan como propiedad suya. La otra casa debe ser vendida en el curso de un año, regalada o enajenada de otra manera.

La venta de la casa de habitación puede hacerla el propietario no más frecuente que una vez en el curso de tres años, con exclusión del caso arriba indicado sobre la venta de la segunda casa que, con base en lo admitido por la ley, resultó siendo propiedad del ciudadano. En el ejemplo ya citado, los esposos pueden escoger para sí una de las dos casas, y la segunda venderla. Pero si un año después toda la familia desea trasladarse a otro lugar de residencia permanente y vender su casa —en este caso la venta de la casa de habitación puede hacerse dos veces en el curso de tres años. Por cuanto en el primer caso se vendió la casa de acuerdo con lo previsto por la ley, esto no priva al propietario de la posibilidad de vender su casa, cuando surge para él esa necesidad.

El límite del derecho de vender la casa de habitación una sola vez en el curso de tres años está dirigido a impedir la especulación con este género de operaciones. Sin embargo, por causas justificadas la ley admite la excepción de la regla. En los códigos civiles de la mayoría de las repúblicas federadas (Estonia, Ucrania, Kazajia, Armenia, Bielorrusia y otras) se establece que la enajenación por un ciudadano de la casa de habitación más de una vez en el curso de tres años puede ser admitida si existen causas justificadas, con autorización del comité ejecutivo del Soviet local.

Por ejemplo, el ciudadano Zh. vive en la casa de su propiedad. Pero su familia ha aumentado tanto que la casa resultó de todo punto pequeña para sus necesidades. Entonces la vendió y compró otra, en la cual se domicilió con su familia. Un año después tuvo que viajar a otra ciudad a trabajar de manera permanente. En estas circunstancias fue autorizado para vender la segunda casa, aunque se trataba de una segunda venta en el curso de tres años. La tarea del comité ejecutivo del Soviet local consiste en establecer las causas reales de la venta para convencerse de que no tiene carácter especulativo.

La prohibición de enajenar frecuentemente la casa de habitación —más de una vez en tres años— se contemplaba ya en los códigos civiles de las repúblicas federadas, adoptadas en 1922-1924. Esta disposición entró firmemente en los hábitos de la nueva vida junto con otros medios de influjo jurídico y social, contribuyendo a consolidar el carácter de consumo del derecho de propiedad sobre la casa de habitación y obstaculizando la especulación con las viviendas.

El ciudadano puede disponer de sus bienes por medio del *cambio*. Por un contrato de cambio entre las partes se produce la permuta de un bien por otro. Por ejemplo, un ciudadano, que vive en la ciudad de Alma-Atá, debe trasladarse a trabajar permanentemente en Tashkent. Y otro ciudadano, que vive en Tashkent, por su estado de salud debe trasladarse a una localidad cercana a las montañas. Ambos son propietarios de sus respectivas casas de habitación, por lo tanto, pueden hacer el cambio de sus casas. Aquí, lo mismo que en el contrato de compra y venta, la fijación del precio y otras condiciones dependen del acuerdo de las partes.

Las partes pueden resolver por sí mismas si las casas son de igual valor o si una de las partes debe darle una compensación a la otra.

Para el contrato de cambio se aplican las mismas reglas que para el contrato de compra y venta. Cada uno de los participantes en el contrato de cambio se considera vendedor de un bien, el cual da en cambio, y comprador de un bien, el cual recibe.

El propietario puede disponer de sus bienes dándolos gratuitamente mediante un contrato de *donación*. La voluntad del propietario es la base para trasladar el derecho de propiedad mediante un contrato de donación.

La donación puede prever varios fines. Por ejemplo, por medio de ella los padres desean prestar ayuda material a los hijos, o estos a sus padres. Puede buscarse el fin de utilizar mejor los bienes: es el caso de un ciudadano que carecía de dotes para la música y habiendo recibido un piano como herencia lo donó a su amigo, cuyo pequeño hijo poseía brillantes capacidades musicales.

Frecuentemente, ciudadanos soviéticos, que han reunido valiosas colecciones: obras pictóricas, literarias, etc., las donan a las instituciones correspondientes con el fin de garantizar el amplio acceso a ellas. En la prensa soviética se informa a menudo acerca de personas que en largos años de paciente trabajo recogen colecciones de cuadros o de otros objetos y luego los donan a los museos, bibliotecas e instituciones científicas.

Según el derecho soviético, el contrato de donación se considera hecho en el momento de la entrega del bien que se dona. Esto significa que mientras el bien no se haya entregado, el derecho de propiedad lo conserva el propietario donante. La promesa previa, incluso por escrito, no es todavía un contrato. Así pues, al contrato de donación se le da carácter de contrato real. Esto se condiciona por el mismo contenido del contrato de donación. Por cuanto la donación es un negocio gratuito, no se puede obligar a realizarlo. Esta disposición se confirma en la práctica.

La ciudadana N. quería separarse del marido, que había dejado la familia para trasladarse al lado de su madre. Por esta razón, ella prometió a su parienta donarle todos los haberes domésticos. Pero el marido volvió al seno de la familia, las relaciones entre los cónyuges mejoraron y la necesidad de abandonar la localidad desapareció.

¿Se puede en estas condiciones exigir el cumplimiento de la promesa de donar los haberes domésticos? ¡Claro que no!

Otra cosa sería si ligado con la promesa de regalar un bien, la persona a la cual se le hizo hubiese realizado determinados gastos.

La ciudadana V., residente en Moscú, era propietaria de una pequeña casa de campo en el sur del país, que utilizaba para descansar en el verano. Pero una vez enfermó y los médicos no le permitieron viajar al sur. Ella prometió entonces regalarle la casa de campo a un pariente que vivía en el sur y le comunicó su decisión. El pariente reparó la casa de campo. Al año siguiente, la salud de la ciudadana V. mejoró notablemente y no le entregó en propiedad la casa de campo al pariente.

En este caso fue obligada a indemnizar los gastos que realizó el pariente en la reparación de la casa de campo. Como base de esta sentencia sirvió no la violación de la promesa de donar la casa de campo, sino la obligación del propietario de indemnizar los gastos necesarios de mantenimiento de los bienes, si los sufraga otra persona.

La ley hace la reserva de que la donación de un bien hecha por un ciudadano a una organización estatal, cooperativa o social puede ser condicionada a su empleo para determinado fin social útil.

La ciudadana V. y su marido eran dueños de una amplia y cómoda casa, en la cual vivían con una numerosa familia. Poco a poco la familia se fue reduciendo. Los hijos, al llegar a la mayoría de edad, se instalaron por separado. Los dos propietarios quedaron solos en la casa, considerándola demasiado grande para ellos. Terminaron por donársela a una fábrica de azúcar, situada cerca de allí, para que la utilizara como casa-cuna para los niños de los trabajadores de la fábrica.

En este caso la administración de la fábrica no tiene derecho de utilizar la casa para otros fines.

Ocurren no pocos casos en los cuales, al clonar a un museo, digamos, determinada colección, el donante ponga la condición de colocar o conservar en determinada forma la misma como colección única, etc. Si el contrato de donación contempla determinadas condiciones y el agraciado la recibe, queda obligado a cumplir estas obligaciones.

La posibilidad de fijar condiciones en el contrato de donación sobre su empleo para determinado fin social útil, la ley la contempla solo cuando un ciudadano hace la donación de un bien a una organización estatal, social o cooperativa (Artículo 256 del Código civil de la RSFSR y artículos correspondientes de los códigos de otras repúblicas federadas). De esto se deduce que el contrato de donación entre los ciudadanos particulares debe ser incondicional. Al trasladar el derecho de propiedad, el donante no puede limitarle este derecho al nuevo ciudadano-propietario.

En el número de las distintas formas jurídicas de que se vale el propietario para disponer de sus bienes debe mencionarse la *enajenación de la casa de habitación con la condición de sostenimiento de por vida.* Esta forma de disposición raramente se aplica en la práctica, pero tiene cierta importancia en las localidades rurales. El Estado soviético manifiesta especial solicitud por los ancianos e incapacitados para trabajar. Toda la población trabajadora: obreros, empleados y koljosianos reciben una pensión al llegar a determinada edad, o en caso de incapacidad parcial o total para trabajar. A los pensionistas se les presta ayuda en el campo del servicio cultural, se les concede la posibilidad de descanso, se les concede gratuitamente todos los tipos especiales de curación, etc.

Para los incapacitados para trabajar y ancianos que lo necesitan, existen casas en las cuales se garantiza una atención calificada y las correspondientes condiciones de vida.

Sin embargo, los incapacitados para trabajar y los ancianos, en la inmensa mayoría de los casos, prefieren conservar las condiciones anteriores de vida. Ocurre con frecuencia que el incapacitado para trabajar o el anciano tiene buena casa propia, con equipos y haberes domésticos; pero él ya no está en condiciones de ocuparse de la economía doméstica, del mantenimiento de la casa, necesita de cuidado y ayuda. A menudo aquí incluso no se necesita cuidado especial o ayuda, simplemente el anciano o el incapacitado para trabajar experimenta la necesidad de que haya gente cerca de él.

En los códigos civiles de las repúblicas federadas se contemplan las normas que regulan la enajenación de la casa, con la condición de mantenimiento de por vida. Con base en tal contrato una de las partes, siendo por edad o estado de salud incapacitada para trabajar, entrega la casa que le pertenece en propiedad a la otra parte a cambio de que el adquiridor se obligue a prestarle la correspondiente asistencia material (en forma de habitación, alimentos, cuidado y la ayuda necesaria). Las relaciones que surgen en este caso tienen un carácter singular. El adquiridor de tal casa tiene derechos limitados. Mientras viva el anciano o el incapacitado para trabajar, que ha entregado su casa, el adquiridor no puede disponer de ella sin el consentimiento del enajenador.

En caso de muerte del adquiridor, según la mayoría de los códigos civiles (RSFSR, Bielorrusia, Estonia, Armenia, Letonia y Lituania), el contrato de enajenación de la casa (con la condición del sostenimiento de por vida) cesa y esta vuelve a poder del enajenador.

En los códigos civiles de Ucrania, Uzbekia y en algunos más se contempla la posibilidad del traslado de las obligaciones, según dicho contrato, a los herederos del comprador fallecido. Sin embargo, los herederos tienen derecho en este caso de renunciar al contrato. Entonces la casa se devuelve al enajenador.

Puede surgir esta pregunta: ¿no peca de unilateralidad tal solución, habida cuenta que el derecho de renuncia se concede solo a los herederos? La cosa es que en todos los casos el incapacitado para trabajar o el anciano enajenador tiene derecho de rescindir el contrato, si el adquiridor de la casa no cumple sus obligaciones o el cumple mal. El incapacitado para trabajar o el anciano tiene ese derecho durante todo el tiempo que se halle en vigencia el contrato. Por consiguiente, si los herederos no cumpliesen o cumpliesen mal las obligaciones inherentes a este tipo de contrato, el incapacitado para trabajar o el anciano podría exigir la cesación del mismo.

El contrato de que venimos hablando puede ser anulado a solicitud del adquiridor, si por circunstancias independientes de su voluntad no se halla en condiciones de garantizarle al enajenador el sostenimiento estipulado. También puede solicitar la anulación del contrato en caso de que el enajenador restablezca completamente su capacidad para trabajar (esto, naturalmente, no se refiere a los ancianos). En caso de anulación del contrato de enajenación de la casa, con la condición de sostenimiento de por vida, esta se devuelve al enajenador.

Las particularidades de este contrato se derivan de su carácter, en parte considerable, personal. Aquí tienen gran importancia no solo los elementos de propiedad, sino también importantes aspectos de las relaciones humanas, como la atención, la preocupación, el cuidado, etc. Objeto del contrato mencionado, como lo dice su denominación, puede ser solo la casa de habitación. Esto está condicionado por el carácter mismo de las relaciones. Pues el elemento más importante aquí es el domicilio conjunto del enajenador y el adquiridor para que este pueda atender al incapacitado para trabajar o al enajenador anciano.

Otro de los modos de disponer de los bienes puede ser su entrega en *prenda* para garantizar la exigencia de una obligación. En la URSS se considera la prenda como uno de los modos de garantizar las obligaciones. En las relaciones entre los ciudadanos, la prenda, en la práctica, no tiene cabida. Aunque no la prohíbe la ley, la idea de la prenda, en las relaciones entre los ciudadanos, contradice, sin embargo, todo el régimen de relaciones entre los hombres, formado en decenas de años, contradice las exigencias morales de la sociedad socialista.

La prenda tiene determinada función solo en dos casos.

Primero. Cuando se recibe un préstamo del banco para construir una casa de habitación, el banco tiene derecho a tomar en prenda de garantía la edificación levantada, por la jarte no pagada aún del crédito concedido. Este derecho del banco no obstaculiza al propietario el uso de la casa. La única imitación consiste en que el propietario no puede enajenar la casa antes de haber acabado de pagar el préstamo, sin la autorización del banco. En todo lo demás, el propietario puede ejercer plenamente sus derechos de tal, los de posesión y uso de la casa. En caso de necesidad de enajenar esta, lo puede hacer con autorización del banco.

Por ejemplo, si un ciudadano construyó una casa y, sin haber acabado de pagar el préstamo recibido, desea trasladarse a vivir permanentemente en otra ciudad, con el visto bueno del banco puede vender la casa y pagar el resto de la deuda del préstamo. O ponerse de acuerdo con el comprador para que este asuma la obligación de pagar al banco la parte que queda pendiente del préstamo. En caso de no pago del préstamo, el banco tiene derecho de vender la casa en pública subasta. De la suma recibida pagarse el préstamo y la suma restante entregarla al antiguo dueño.

Sin embargo, la venta de casas en pública subasta por el no pago de préstamos al banco, hace muchos años que no tiene lugar. El crédito para construir casas de habitación se concede en condiciones ventajosas para el que lo recibe; las empresas y organizaciones que favorecen la construcción de estas casas les prestan a los ciudadanos ayuda y en la práctica no recurren a medidas como la venta de la casa recibida en prenda.

Segundo. Cuando los bienes de propiedad personal de los ciudadanos se dan en prenda para adquirir prestamos en instituciones estatales especializadas (casas de empeño). Esta forma tampoco tiene carácter masivo. En muchas ciudades e incluso repúblicas tales establecimientos ni siquiera existen. Allí donde funcionan, los ciudadanos pueden adquirir en ellos prestamos dejando en prenda determinado objeto. Tales establecimientos deben conservar en debida forma los bienes que reciben en prenda, y responden por su conservación. Además, están obligados a asegurar dichos bienes por su valor íntegro.

CAPÍTULO VI

PROTECCIÓN DEL DERECHO DE PROPIEDAD PERSONAL

1. Modos de protección del derecho de propiedad personal

A la protección de la propiedad personal de los ciudadanos en la URSS se le concede una importancia muy grande. En el capítulo I hablamos sobre la destinación del derecho de propiedad personal, sobre los fines y tareas de este instituto jurídico. Entregándole a los ciudadanos una parte determinada del producto social, destinado para el consumo personal, la sociedad socialista está interesada en que a cada uno de sus miembros se le garantice la posibilidad de disponer de los bienes que le pertenecen para satisfacer sus necesidades conforme a su gusto, hábitos e inclinaciones. La sociedad está interesada en que se observe rigurosamente el orden establecido de distribución, a fin de que cada ciudadano pueda disponer de la parte que le corresponde del producto social. En esto también está interesado cada miembro de la sociedad, que recibe dicha parte de acuerdo con el principio de la remuneración según el trabajo o según otra disposición establecida por la sociedad socialista.

En esto se manifiesta la unidad orgánica de los intereses sociales y personales bajo el socialismo. La protección de la propiedad personal de los ciudadanos se realiza no solo en interés de cada propietario, sino también en interés de la sociedad en conjunto.

La propiedad personal de los ciudadanos es el modo fundamental de usar la parte del producto social concedida a cada uno, destinada para satisfacer sus necesidades materiales y culturales. Por eso la protección de la propiedad personal es, al mismo tiempo, una protección del orden existente de distribución. Ella garantiza las condiciones para que cada ciudadano use libremente la parte del producto social que recibe para satisfacer sus necesidades.

La protección de la propiedad personal de los ciudadanos está garantizada por todo el régimen de relaciones sociales socialistas. La sociedad socialista se preocupa por la protección y el fortalecimiento de la propiedad personal de sus miembros. Aquí están creadas todas las condiciones objetivas para que los ciudadanos manifiesten cuidado y solicitud por la propiedad personal de cada uno. Sin embargo, todavía se encuentran personas aisladas, que no desean trabajar honradamente, que atenían contra la propiedad personal de los ciudadanos y, por ende, contra el orden socialista de distribución del producto social. Los hechos de trato descuidado y negligente con la propiedad personal de otros ciudadanos, que se permiten desconsiderablemente algunas personas, son también una violación del orden establecido, como resultado de lo cual se priva al propietario de la posibilidad de usar sus bienes en debida forma.

El Estado soviético lucha activamente por la protección y fortalecimiento de la propiedad personal de los ciudadanos. Este aspecto de la actividad del Estado va enderezado a consolidar el orden socialista de distribución y tiene una invaluable significación educativa. Contribuye a elevar la influencia de Tos estímulos materiales, que excitan a las gentes a trabajar honradamente en la economía socialista; educa en todos los ciudadanos una actitud cuidadosa y atenta hacia la propiedad y los derechos de los demás.

La preocupación del Estado socialista por la protección de la propiedad personal de los ciudadanos, por la satisfacción de sus necesidades materiales y culturales, y el elevado humanismo del derecho soviético se expresan en que no se permite la confiscación de las cosas necesarias para satisfacer necesidades materiales y culturales del propietario, excepto en aquellos casos, cuando sobre la propiedad personal del ciudadano pesa una exacción por resolución de un tribunal.

En general, la exacción no recae sobre los bienes, si el tamaño de la suma a cobrar no sobrepasa aquella parte del salario mensual, pensión o estipendio sobre la cual puede recaer la exacción (Artículo 368 del Código de procedimiento civil de la RSFSR y artículos correspondientes de los códigos de procedimiento civil de las demás repúblicas federadas). Si la exacción recae sobre los bienes del deudor para indemnizar un daño causado por este, pagos que debe hacer, etc., ella no puede recaer sobre las cosas necesarias para el deudor y para las personas mantenidas por él, tales como productos alimenticios, ropa, enseres domésticos, cantidad necesaria de aves y ganado, etc.

La exacción tampoco recae sobre la vivienda, con sus instalaciones económicas (de las personas ocupadas fundamentalmente en la agricultura), si el deudor y su familia viven en ella de manera permanente. La única excepción de esta regla es la exacción de deudas por prestamos facilitados por el banco para construir la casa de habitación. Sin embargo, como ya dijimos, tales casos son excepcionalmente raros.

La exacción no recae sobre los muebles necesarios para la familia, ni sobre las pertenencias infantiles. Si la ocupación fundamental del ciudadano es la agricultura, la exacción no puede recaer sobre los productos alimenticios necesarios para la familia hasta la nueva cosecha, ni sobre el combustible, etc.

La exacción tampoco recae sobre los útiles, incluso los manuales y libros, necesarios para continuar los estudios profesionales de los ciudadanos. Así, a un pianista no se le puede confiscar el piano. La exacción tampoco puede recaer sobre las cuotas abonadas a organizaciones cooperativas.

Por esta breve enumeración se ve cuán plenamente protege la ley el derecho de propiedad personal de los ciudadanos, inclusive cuando existe base legal para confiscar los bienes.

La protección de la propiedad personal de los ciudadanos se realiza no solo con formas jurídicas, sino también con métodos de influjo social. La opinión pública juega un papel muy grande en la protección de la propiedad personal de los ciudadanos, en la educación de una actitud cuidadosa hacia ella, lo mismo que en otros campos de actividad del Estado soviético. El trabajo educativo permanente, que se adelanta entre la población, la labor de los tribunales de camaradas y la movilización de la opinión pública a la lucha contra los elementos aislados, que violan el derecho de propiedad personal, tienen una gran importancia. Pero cuando el influjo social resulta insuficiente, entran en acción distintas formas jurídicas de protección de la propiedad personal, que se realiza por medio de la aplicación de las normas del derecho penal, civil y administrativo.

En *derecho penal,* la protección de la propiedad personal consiste en que el Estado establece castigos determinados por unas u otras violaciones del derecho de propiedad personal y garantiza su ejecución. En los códigos penales de las repúblicas federadas existe un capítulo especial sobre los delitos contra la propiedad personal de los ciudadanos. Las leyes penales castigan el robo (especialmente en los casos de reincidencia o de reincidentes especialmente peligrosos), el atraco, la estafa, la concusión y el daño o la destrucción de la propiedad personal de los ciudadanos con premeditación o por falta de cuidado. La aplicación del castigo o la amenaza de aplicarlo a los violadores del orden legal socialista deben influir sobre aquellos individuos para los cuales las medidas de influjo social no bastan. Esto los excita a respetar la propiedad de los ciudadanos soviéticos y el orden de distribución establecido en la sociedad socialista. Las medidas de castigo penal por atentado contra la propiedad personal de los ciudadanos se ejecutan conforme a las normas generales que regulan su aplicación.

La protección de la propiedad personal con medidas de *derecho administrativo* se expresa en el hecho de que los órganos estatales correspondientes toman las medidas necesarias, que de ellos dependen, para el restablecimiento inmediato del derecho de propiedad personal violado: devuelven al propietario la cosa perdida, si ella es hallada; desalojan a las personas que ilícitamente hayan ocupado una casa de habitación o una casa de campo ajena.

Por ejemplo, si al dueño le han robado su automóvil del garaje, y después de haberlo usado, el ladrón lo deja abandonado en otro lugar, los órganos de la milicia toman todas las medidas para recuperar el automóvil y devolverlo a su propietario. Si a la casa de un propietario individual, que tuvo que ausentarse temporalmente, ilícitamente penetraron personas extrañas y se instalaron allí, pueden ser desahuciadas por vía administrativa (con la sanción de los órganos de la Procuraduría). En todos estos casos, los órganos estatales correspondientes toman medidas para restablecer inmediatamente el derecho violado y ofrecer al propietario la posibilidad de ejercer sus derechos plenamente.

Sin embargo, los métodos jurídico-administrativos se aplican solo cuando el infractor no puede alegar ningún derecho. Si alega un fundamento legal, surge entonces un litigio que debe ser examinado por un tribunal mediante el *procedimiento judicial civil*. Por supuesto que se trata no de un simple pretexto, sino de un alegato fundado en el derecho vigente. Otra cosa es que el derecho que alega el infractor en realidad no lo tenga. Esto lo debe establecer el tribunal, observando todas las reglas del procedimiento judicial civil. Supongamos que en el ejemplo dado acerca del desahucio del ciudadano que sin autorización ocupó una casa ajena, el desahuciado alegue que tenía un acuerdo con el propietario y presente un contrato escrito, que confirma lo dicho, en ese caso la milicia no puede desalojarlo; el propietario debe entonces recurrir a un tribunal. Durante el juicio quedará establecido si el demandado tenía derecho de instalarse en la casa en cuestión o no tenía ningún derecho. El tribunal puede, por ejemplo, esclarecer que el documento no fue firmado por el propietario, sino por una persona que no tiene derecho para disponer de la casa, o que la firma estampada en el documento es falsa. En caso de que surja un pleito se resuelve por *vía judicial*.

La protección de la propiedad personal por las normas del derecho civil consiste en que el Estado garantiza la devolución al propietario de los bienes que le pertenecen o la indemnización del daño causado a estos.

En muchos casos, los métodos jurídico-civiles y jurídico-penales de protección de la propiedad personal coinciden: el delincuente, que ha hurtado un bien ajeno, es sometido al castigo penal previsto por la ley y, al mismo tiempo, es obligado a devolver la cosa robada. Si esta no se ha conservado, él debe indemnizar su valor.

Los métodos jurídico-civiles de protección de la propiedad personal tienen gran importancia, porque van dirigidos directamente al amparo de los intereses del propietario. Aquí se garantiza el restablecimiento del derecho de propiedad violado: al propietario le devuelven el bien ilegalmente usurpado o le indemnizan el daño a la cosa.

Los métodos jurídico-civiles de protección de la propiedad personal tienen (lo mismo que otros) gran importancia educativa. La obligación de la persona, que ha violado el derecho de propiedad personal de otro ciudadano, a devolver el bien usurpado por ella o a indemnizar su valor, es una medida de influencia de propiedad, a veces muy sensible para los que atentan contra el derecho ajeno. Esto ayuda a la lucha por la protección y fortalecimiento de la propiedad personal de los ciudadanos.

Los métodos civiles-jurídicos de protección de la propiedad personal son muy variados. Una gran parte de las normas del derecho civil soviético puede ser utilizada para reforzar y proteger el derecho de propiedad personal.

Así, las normas que establecen las condiciones de validez de las transacciones jurídico-civiles (incluso de los contratos) y las consecuencias del reconocimiento de la nulidad están dirigidas a proteger más plenamente los derechos de propiedad y los intereses de los ciudadanos, incluso el derecho de propiedad personal.

La ley declara nulas las transacciones concertadas bajo la influencia de la confusión, que tiene importancia esencial. Si la confusión se refiere a detalles aislados y particularidades, no es esencial en la transacción y no puede servir de base para declararla nula. Pero si la confusión es de tal naturaleza, que sin ella no se hubiese hecho la transacción, puede ser motivo para el reconocimiento de nulidad. La confusión esencial debe referirse a la transacción misma, y no a los motivos por los cuales la persona la realizó.

Un ciudadano exigía declarar nula la compra que había hecho de una casa, alegando que, al revisarla para cerrar el negocio, el dueño había secado las paredes previamente, mostrándola de día con un alumbrado que le daba mejor apariencia pero que luego resultó que la casa era húmeda y las paredes resumían agua, que allí hacía mucho tiempo no vivía nadie, y no podía habitarse sin una reparación general.

Tal confusión —sobre el estado de la casa— puede servir de base para declarar nulo el contrato.

Otra cosa es si el comprador exige la nulidad del contrato por otra causa. Él pensaba domiciliarse en una ciudad y para eso compró la casa, pero luego le dieron un trabajo que le halagaba mucho en otra ciudad y la casa se le convirtió en un estorbo. En este caso, la confusión no se refiere al objeto de la transacción, sino a los motivos, a los impulsos que lo llevaron a hacer el negocio. El vendedor no tiene por qué perjudicarse, debido a esto. La transacción se declara válida, y el ciudadano lesionado con la compra de la casa debe habérselas él mismo para liberarse de su propiedad.

Si la transacción se declara nula, realizada bajo la influencia de confusión, cada una de las partes está obligada a devolverle a la otra todo lo recibido al cerrarse el negocio. Y si no es posible devolver el objeto, debe de indemnizarse su valor en dinero. El ciudadano por cuya demanda fue declarada nula la transacción, tiene derecho de exigir a su contratante indemnizar los gastos, pérdidas o deterioros de su propiedad, si demuestra que la confusión surgió por culpa de la otra parte. Si no lo demuestra, queda obligado a indemnizar al contratante los gastos, pérdidas o daños de la propiedad.

En el ejemplo arriba citado de presentación de demanda de nulidad del contrato de venta de la casa, en vista de la existencia de confusión esencial en cuanto al estado de esta, el ciudadano demandante tiene derecho de exigir la indemnización de los gastos, por cuanto la confusión de él surgió como consecuencia de que el vendedor tomó medidas para que el comprador no pudiera descubrir los defectos de la casa.

Así pues, la ley distribuye en forma justa la carga de las pérdidas y gastos que afecten la propiedad, teniendo en cuenta la buena fe con que ha actuado cada uno de los participantes de la transacción.

También se declaran nulas las transacciones efectuadas bajo la influencia del engaño, la violencia o la amenaza, así como el acuerdo mal intencionado del representante de una de las partes con la otra. La nulidad de las transacciones por estas causas es un fenómeno rarísimo. Pero si la transacción se declara nula por dichos motivos, el contratante debe devolverle al perjudicado todo lo recibido por él en la transacción, y si es imposible devolver el objeto, debe indemnizar su valor en dinero. Al perjudicado se le indemnizan también los gastos que haya hecho, las pérdidas o deterioros de la propiedad. Aquel que resulte culpable de realizar tal transacción no tiene derecho a que se le devuelva lo que ha realizado (ni a recibir indemnización en dinero), esos haberes se confiscan en favor del Estado.

El ciudadano D., aficionado a la pintura y coleccionista, invertía todos sus ahorros en la compra de cuadros de antiguos maestros. Una vez el ciudadano N. se le presentó como coleccionista; este le ofreció en venta un cuadro que presentaba como original de un antiguo y afamado maestro, lo cual confirmaba con documentos y una «certificación de peritos».

En realidad, el «original» resultó ser obra del propio vendedor y todos los documentos falsificados.

Por solicitud del comprador el negocio fue declarado nulo, y el dinero que había pagado por el cuadro le fue devuelto. En vista de que la obra pictórica era una copia no mal ejecutada y representaba cierto valor, se la confiscaron al vendedor en favor del Estado.

En el Código civil de la RSFSR (1922) había un artículo que contemplaba la declaración de nulidad de las transacciones leoninas, es decir, de los negocios hechos bajo la influencia de extrema necesidad y desventajosos en grado sumo para la persona. La aplicación de este artículo jugó un gran papel en la lucha contra los abusos de los elementos capitalistas, en las primeras etapas del desarrollo del Estado socialista. Después de coronarse con todo éxito la construcción del socialismo en la URSS, no quedó piso en el país de los Soviets para realizar «negocios leoninos». Sin embargo, aunque muy raramente, se dan casos, cuando una persona, a consecuencia de dolorosas circunstancias coincidentes, realiza una transacción en condiciones extremadamente desventajosas para ella.

La ciudadana D., mujer joven, perdió al marido y al hijo en una catástrofe automoviliaria, quedando ella también en grave estado. Como resultado de los sufrimientos, agudizados por la enfermedad, decidió abandonar la ciudad donde residía y vendió su casa al ciudadano B. Este individuo era codicioso, de mala fe, aprovechó la difícil situación de la ciudadana B. para urdir una transacción en condiciones extremadamente desventajosas para ella: el precio de compra era muy inferior a lo que en realidad valía la casa, al comprador se le concedía un largo plazo para pagarla. Cuando esta ciudadana recuperó la salud, los camaradas de trabajo la convencieron para que se quedara en la ciudad y en la colectividad laboral, donde se hallaba; y ella decidió quedarse. Sin embargo, la casa ya la había vendido y la suma de la venta fue tan insignificante que no podía pensar en comprar otra vivienda.

Por iniciativa de las organizaciones sociales se presentó una demanda que solicitaba anular esta transacción, por cuanto se había realizado en virtud de una coincidencia de circunstancias difíciles y en condiciones extremadamente desfavorables para la ciudadana D.

De conformidad con el Artículo 58 del Código civil de la RSFSR, la transacción fue declarada nula y la casa se devolvió a la ciudadana D. Así, un artículo de la ley, que regula las condiciones de validez de las transacciones, fue utilizado para proteger la propiedad personal de esta ciudadana.

En igual forma pueden ser utilizadas, con fines de protección de la propiedad personal, otras normas del código civil, que regulan la situación sobre la capacidad jurídica y la capacidad de obrar de los ciudadanos, sobre la representación, que establecen las disposiciones generales del derecho de propiedad y del derecho de las obligaciones que regulan algunos tipos de contratos y transacciones.

Además de estas normas generales, en el derecho soviético hay una serie de normas que están enderezadas directamente a la protección del derecho de propiedad personal. Ellas pueden ser divididas en dos grupos básicos: 1) normas, que establecen los modos «real-jurídicos» de protección de la propiedad personal; 2) normas, que establecen los modos del derecho de las obligaciones de protección de la propiedad personal.

La diferencia entre estos modos esta condicionada por el contenido mismo de las relaciones, por los distintos métodos de influjo jurídico sobre los partícipes de las relaciones.

Los modos «real-jurídicos» de protección de la propiedad personal consisten en que se restablece el derecho violado del propietario: se devuelve la cosa que ilícitamente le han quitado, se eliminan los obstáculos que le impiden usar sus bienes al propietario. Los modos «real-jurídicos» de protección del derecho de propiedad personal tienen la gran ventaja de que conservan las relaciones de propiedad que existían antes de la violación del derecho. Este se restablece sobre la cosa.

Esta es una ventaja de los modos «real-jurídicos» de protección de la propiedad personal, pero, al mismo tiempo, esto limita, en cierta medida, su aplicación. Los modos «real-jurídicos» de protección pueden ser aplicados solo en los casos en que exista la cosa, que es objeto del derecho de propiedad, la misma que fue objeto del derecho violado. Por consiguiente, ellos pueden aplicarse solo con respecto a las cosas identificadas por signos individuales.

Si la cosa ya no existe, o si el lugar donde se halla es desconocido, los modos «real-jurídicos» de protección de la propiedad no pueden hallar aplicación. En tales casos, los derechos del propietario pueden ser defendidos solo con los medios del derecho de las obligaciones.

Los modos del derecho de las obligaciones de protección de la propiedad personal consisten en que al propietario, cuya propiedad fue ilícitamente quitada o deteriorada, se indemniza el valor del bien o se compensa el daño que haya recibido. En este caso no se restablece el derecho que existía anteriormente, y al damnificado se le indemniza el perjuicio recibido.

En la literatura jurídica soviética se ha manifestado la opinión de que el derecho de propiedad personal se protege solo con modos «real-jurídicos», por cuanto únicamente en este caso se restablecen las relaciones de propiedad.

Sin embargo, la defensa de los derechos civiles puede hacerse no solo mediante el restablecimiento de la situación que existía antes de la violación del derecho y el cese de las acciones infractoras del derecho, sino también mediante la exacción que recae en la persona violadora del derecho para cubrir las pérdidas causadas (Artículo 6 de los Fundamentos de la legislación civil, Código civil de la RSFSR y códigos civiles de las otras repúblicas federadas). Así pues, también la indemnización del daño, causado por la destrucción o el deterioro de la propiedad personal, es una protección del derecho de propiedad.

Los modos «real-jurídicos» y del derecho de las obligaciones para proteger la propiedad personal están relacionados estrechamente. Durante la vista de la causa, en conformidad con las circunstancias concretas del asunto, el tribunal puede aplicar el método de protección más conveniente para el caso dado. En particular, si el objeto está en poder del demandado, pero ha sido usado por este, y no puede ser confiscado sin causarle una grave pérdida, el tribunal puede, en vez de la devolución del objeto al propietario, obligar al demandado a indemnizar su valor.

El ciudadano F. se proponía dar remate a la construcción de su casa y había acumulado los materiales para tal fin. Pero en su ausencia le robaron dichos materiales y se los vendieron al ciudadano K., que no sabía y no tenía por qué saber que eran robados. Este utilizó los materiales (junto con otros que anteriormente había comprado) para acabar de construir su vivienda.

El ciudadano F. exigía la devolución de los materiales. Sin embargo, por cuanto ya habían sido utilizados y no era razonable destruir el edificio para devolver al propietario los mismos materiales que le habían robado, el tribunal obligó al ciudadano K. a indemnizar su valor.

A veces durante la vista de la causa se pone en claro que el objeto reclamado fue destruido por el demandado o que ya no se halla en su poder. En este caso el tribunal puede cambiar el fundamento de la demanda y dictar sentencia no sobre la devolución de la cosa, sino sobre la indemnización de la pérdida causada al propietario.

De modo que durante el examen del litigio puede ser aplicado el método más conveniente para proteger los intereses del propietario, así como también los intereses lícitos de la otra parte.

Veamos esto más detalladamente.

2. Modo «real-jurídico» de protección de la propiedad personal

El modo principal y más efectivo de protección de la propiedad personal (y de otros tipos de propiedad) es el derecho del propietario a reclamar un bien suyo que se halle en posesión ilícita de un extraño (Artículo 151 del Código civil de la RSFSR y artículos correspondientes de los códigos civiles de las otras repúblicas federadas).

En el capítulo precedente nos detuvimos en la cuestión de que la posesión ilegal puede ser de buena o de mala fe. Si el bien es adquirido por un poseedor de mala fe, es decir, por una persona que sabía o debía saber que adquiere una cosa de quién no es su propietario, el dueño tiene derecho a reclamar el objeto en todos los casos. También tiene derecho de exigir la devolución o la indemnización de todos los frutos y utilidades que dicha persona extrajo o debía haber extraído durante todo el tiempo de la posesión ilícita.

El koljosiano N. se ausentó por unos cuantos meses, dejando su vaca al koljosiano G. Esto lo sabían sus vecinos. Uno de ellos convenció a G. para que le vendiera la vaca. Cuando el propietario regresó le reclamó al comprador la devolución de su vaca.

Habiendo comprobado todas las circunstancias del asunto, el tribunal obligó a devolverle la vaca al dueño y a indemnizarle todo el valor de la producción lechera que el comprador obtuvo durante el tiempo que la vaca estuvo en su poder.

El alegato del comprador acerca de que en realidad había recibido menos utilidad, no fue aceptado por el tribunal, por cuanto la ley dispone que deben indemnizarse las utilidades que el poseedor de mala fe extrajo o debió haber extraído. Si como resultado de una actitud negligente, de falta de cuidado por el animal, no obtuvo la cantidad de leche que debería haber recibido, esto no debe reflejarse en el monto de las utilidades indemnizadas al propietario.

Obligando al poseedor de mala fe a indemnizar todas las utilidades, que extrajo o ha debido extraer durante todo el tiempo de la posesión, la ley le concede derecho de exigir del propietario el pago de los gastos necesarios que haya hecho para la propiedad que, en el caso que hemos visto, sería la indemnización del valor del sostenimiento de la vaca.

Si el objeto fue comprado a una persona que no tenía derecho de enajenarlo, acerca de lo cual el comprador no sabía o no podía saber, el adquiridor de buena fe, en este caso, adquiere derecho de propiedad sobre él, y el propietario del mismo pierde este derecho. La ley hace una excepción solo para los casos en que la cosa se le haya extraviado al propietario (o a la persona a la cual el propietario le haya entregado la cosa en posesión), o que haya sido robada a uno u otro, o haya salido de su posesión en otra forma, independiente de su voluntad. En estos casos el adquiridor de buena fe no se hace propietario; se considera poseedor de buena fe. El propietario conserva su derecho y puede reclamar la cosa. También puede reclamar todas las utilidades que el poseedor de buena fe extrajo o ha debido extraer, desde el tiempo cuando supo o ha debido saber sobre la ilicitud de su posesión. Si tal momento no puede ser establecido, la fecha, a partir de la cual el poseedor de buena fe está obligado a devolverle al propietario las utilidades, se considera el día en que el poseedor es notificado de la demanda del propietario para que se le devuelva el bien de que se trate.

La ley concede gran importancia a la voluntad del propietario. Si la propiedad no salió de su posesión por su voluntad, conserva el derecho de propiedad y puede reclamarla, incluso al poseedor de buena fe. Si el bien salió de la posesión del propietario por voluntad de este, el propietario pierde su derecho, y el adquiridor de buena fe, que adquirió mediante una recompensa el objeto, se hace propietario.

¿En qué se basa esta diferencia? En el caso que examinamos se hallan ante la ley dos ciudadanos, cuyos derechos se protegen en igual medida: el propietario del objeto y el adquiridor de buena fe. Entre estas personas deben ser distribuidas con justicia las consecuencias de propiedad. Si el objeto salió de la posesión del propietario por voluntad de este, la ley le concede preferencia al adquiridor de buena fe. Realmente, las acciones del adquiridor de buena fe, en este caso, no merecen condenación alguna. El propietario, al entregar la posesión por su voluntad, no se preocupa de conservar su propiedad. Citemos el ejemplo más típico.

Teniendo que viajar por largo tiempo, el ciudadano D. le entregó la llave de su apartamento, concediéndole la posibilidad de utilizarlo, a una persona con la cual apenas se conocía. Este individuo resultó ser frívolo y de mala fe: cuando necesitó dinero, sacó del armario un abrigo de piel fina y lo entregó para la venta a un almacén de comisiones, en el cual fue adquirido por la ciudadana C. Al regresar el propietario se encontró con que el abrigo había sido vendido por el citado almacén. Entonces presentó demanda para reclamarlo.

Sin embargo, el tribunal, con toda justicia, reconoció a la que lo había adquirido como propietaria, negándose a darle curso a la demanda del ciudadano D.

Al aas perjudiciales sufre la persona o la organización que, al adquirir un objeto, sabía o debía saber su origen delictuoso. Así, en el ejemplo citado puede comprobarse que, al recibir el automóvil en comisión, el almacén no cumplió todos los reglamentos ni comprobó los poderes del vendedor. En este caso, el almacén de comisiones está obligado a devolver al adquiridor de buena fe el dinero que pagó y puede demandar al individuo que entregó el automóvil en comisión. Pero si ocurre que esta persona no puede indemnizar totalmente el valor del vehículo, el almacén tiene que cargar con la pérdida correspondiente.

Esa misma situación se crea cuando al propietario se le ha extraviado el objeto. Según la legislación vigente, el que encuentre una cosa perdida está obligado a informar sobre esto inmediatamente a su dueño y a devolvérsela. Si él no conoce al que la ha perdido, debe informar de su hallazgo y entregar la cosa a la milicia o al comité ejecutivo del Soviet local. Si la cosa ha sido hallada en una institución, empresa o vehículo de transporte, el que la encuentra está obligado a entregarla a la administración correspondiente.

La apropiación de un hallazgo es una acción ilegal. Si como resultado de esta acción la cosa es adquirida por una persona que no sabía o no podía saber que el que se la proporcionó no es el dueño, será un poseedor de buena fe, pero no se convierte en dueño, debido a que, en este caso, la base de las relaciones es un acto ilícito: la apropiación de un hallazgo.

La ley habla en general que tampoco se convierte en propietario el adquiridor de buena fe en aquellos casos, cuando la cosa sale de la posesión del propietario independientemente de la voluntad de este en otra forma. Esta fórmula general adquiere un contenido concreto conforme a las circunstancias de cada caso. Tal puede ser la entrega de la propiedad como resultado de acciones fraudulentas de otra persona, la entrega realizada bajo la influencia del engaño, etc.

La importancia de esta disposición puede ilustrarse con un ejemplo tomado de la práctica.

En el hogar de la familia I. había un viejo cuadro, que durante muchos años venía pasando de generación en generación. Después de la muerte de los padres, los jóvenes herederos decidieron cambiar el ambiente y vender algunas cosas. Llamaron a un perito para que hiciera el avalúo del cuadro, el cuál comprendió inmediatamente que se trataba de una obra de gran valor, pues había sido ejecutada por un artista clásico, pero a los jóvenes no les dijo nada sobre esto. Se limitó a comentar que el cuadro no tenía ningún valor, que a él le gustaba solo el marco antiguo y que estaba dispuesto a comprarlo junto con el cuadro. Les pagó una suma irrisoria, que no correspondía en lo más mínimo a su verdadero valor. Después, el «perito» vendió el cuadro a un coleccionista por una gruesa suma. Pasado algún tiempo, en la ciudad se inauguró una exposición de pintura, que incluía cuadros de colecciones particulares. El lugar central lo ocupaba el cuadro que el «perito», mediante el engaño, le había sonsacado a los citados jóvenes. Visitando la exposición, estos conocieron inmediatamente el cuadro y presentaron demanda para que se declarase nulo el negocio de la venta del cuadro, por haber sido hecho bajo la influencia del engaño.

El tribunal halló justa su exigencia y los reconoció como propietarios del cuadro. El coleccionista, que lo había adquirido por una suma considerable, fue un adquiridor de buena fe, pero no se convirtió en dueño, porque el cuadro salió de la posesión de los dueños independientemente de la voluntad de estos, o más exactamente, a consecuencia de una «voluntad viciada de nulidad». Los intereses de propiedad del coleccionista se defienden con su derecho de exigir la devolución del dinero por él pagado al «experto». Este último carga no solo con la responsabilidad de propiedad —obligación de devolver el dinero recibido—, sino también responde por vía penal de sus acciones fraudulentas.

De manera que la ley protege en igual medida los derechos del propietario y del adquiridor de buena fe. El derecho de propiedad se protege en el caso, cuando la cosa ha sido robada o perdida, o sacada de la posesión no solo del propietario, sino también de otra persona, independientemente de su voluntad, que posea legalmente la cosa, particularmente, de la persona, a la cual el propietario se la confió.

El ciudadano C., la víspera de su viaje de vacaciones, le dejó su cámara filmadora a un vecino. Del apartamento de este se la robaron. Posteriormente, la cámara filmadora fue descubierta, cuando intentaban dejarla para la venta en un almacén de comisiones. La demanda para recuperar la cámara fue presentada por la persona a la cual le habían confiado la cámara filmadora para su conservación. Al regreso del propietario se la devolvieron.

Arriba hemos hablado de los derechos del adquiridor de buena fe, que obtiene una cosa mediante su pago. Si la cosa se ha adquirido gratuitamente de una persona que no tenía derecho para enajenarla, el propietario tiene derecho de reclamarla en todos los casos.

El ciudadano A., por tener que viajar en cumplimiento de una prolongada comisión de servicio, dejó al cuidado del ciudadano P. su motocicleta. Este último resolvió regalársela a una amiga suya, calculando arreglárselas después con el propietario. En este caso, la ciudadana, a la cual le fue entregada la motocicleta, y que no sabía y no podía saber que la persona que se la regaló no tenía derecho de enajenarla, no se convirtió en dueña, aunque también era un adquiridor de buena fe. El propietario tiene derecho a reclamarle su motocicleta.

Esta diferencia se basa en el hecho de que cuando la adquisición es gratuita, la devolución de la propiedad no afecta los intereses de propiedad del adquiridor. Al devolver la cosa es necesario proteger también los derechos de la persona de buena fe, que gastó recursos en la adquisición del objeto. Pero cuando la adquisición es gratuita no existe tal necesidad.

Una disposición especial ha sido establecida con respecto al dinero en efectivo y los valores al portador. Estas cosas no pueden ser reclamadas al adquiridor de buena fe, en todos los casos. Ellas pueden ser reclamadas solo al adquiridor de mala fe. El fundamento de tal excepción de la regla es el carácter mismo del dinero y de los valores al portador, como objetos de derecho de propiedad personal. Ellos son también medios de circulación, por eso el establecimiento de la posibilidad de decomisárselos al poseedor de buena fe, provocaría dificultades en la circulación. Desde luego, si el dinero y los valores se hallan en poder de la persona, que ilícitamente los posee (que se los apropió o robó), deben serle decomisados y devueltos al propietario. Pero si cayeron en manos de un poseedor de buena fe, aquí la posibilidad de confiscárselos dificultaría la circulación de bienes.

El derecho de propiedad puede ser violado no solo con la sustracción de la cosa a su propietario, sino también con el hecho de que a este no se le da la posibilidad de usarla en debida forma. Por ejemplo, dos ciudadanos tienen una casa en derecho de propiedad común. Uno de ellos ocupa piezas, que tienen salida solo a la terraza. El otro, que tiene dos salidas de la parte de la casa que ocupa, cierra la puerta de entrada a la terraza y en esa forma priva al otro copropietario de la posibilidad de utilizar su habitación. Para proteger los intereses de los propietarios particulares en esos y otros casos similares, la ley establece que el propietario puede exigir la eliminación de cualquier infracción de su derecho, aunque ella no estuviera ligada con la privación de la posesión (Artículo 156 del Código civil de la RSFSR y artículos correspondientes de los códigos civiles de las otras repúblicas federadas).

En el ejemplo citado, el propietario que ocupa la parte de la casa que tiene salida solo a la terraza, tiene derecho de exigir que se abra la puerta de entrada a la terraza.

Las demandas de los propietarios sobre el restablecimiento de sus derechos violados, no ligadas con infracciones de posesión (tales demandas se llaman «negatorias»), tienen gran importancia. Con ellas se protege la destinación fundamental del derecho de propiedad personal y el uso de la misma para la satisfacción de las necesidades del propietario. Las violaciones del derecho de propiedad personal, no ligadas con la privación de la posesión, pueden ser distintas. En conformidad con esto, el contenido de las demandas «negatorias» depende del carácter de la infracción, como resultado de la cual se crea el obstáculo para el uso normal de la propiedad. En dependencia de esto, las decisiones de los tribunales, en cada caso por separado, van dirigidas a eliminar las infracciones concretas y los obstáculos para el uso de la propiedad personal de los ciudadanos. Se pueden distinguir dos tipos básicos de tales exigencias.

A veces la exigencia del propietario se limita a que el tribunal prohíba al infractor realizar en el futuro determinadas acciones, que obstaculizan el uso de la cosa, por ejemplo, cerrar con candado (o con llave) el garaje común, donde se hallan los vehículos de varios propietarios. Importa señalar, sin embargo, que tales demandas son muy raras, porque esas pequeñas violaciones, en caso de litigios, se eliminan por decisión de los tribunales de camaradas, por la intervención de las organizaciones sociales o por la vía administrativa.

En la mayoría de los casos, la exigencia de eliminar las consecuencias provocadas por la infracción de la ley es objeto de la demanda «negatoria». Estas demandas se presentan cuando, como resultado de las acciones ilegales de otra persona, el propietario queda privado de la posibilidad de usar sus bienes. Por ejemplo, un ciudadano construye un garaje en el extremo de su lote, con lo cual tapa las ventanas de la casa de habitación del vecino, que dan a ese lado. En tal caso, el tribunal obliga al infractor a eliminar el obstáculo, corriendo con los gastos que ello demande.

En el primer caso, el tribunal obliga al demandado a abstenerse de realizar las acciones que obstaculizan al propietario el uso de sus bienes; en el segundo caso, el tribunal ordena al infractor realizar determinados actos, con el fin de restablecer los derechos violados del propietario. En ambos casos el tribunal cumple la importante función de garantizar a los ciudadanos la posibilidad de usar normalmente sus bienes.

Las demandas sobre eliminación de obstáculos en el uso de los bienes son demandas «real-jurídicas». Al mismo tiempo, ellas pueden compaginarse con las demandas sobre indemnización de las pérdidas causadas.

Durante la excavación del foso para construir un gran edificio, fue obstruido el paso hacia la casa de propiedad del ciudadano Z. Además, la cerca de la casa también quedó destruida por el peso de la tierra que le echaron encima.

De acuerdo con la demanda presentada por el perjudicado, el tribunal obligó a la organización constructora a limpiar el paso hacia la casa y a reparar la cerca o, en su defecto, indemnizar su valor. Aquí se combinó la exigencia «real-jurídica» con el derecho de las obligaciones.

Las demandas que hemos examinado pueden presentarse tanto por el propietario, como por las personas que tengan la posesión de la propiedad legalmente. Por ejemplo, la exigencia de retirar la construcción levantada por el vecino en el extremo de su lote, que tapaba las ventanas de la casa, puede ser presentada no solo por el dueño de esta, sino también por el inquilino, que vive en la habitación cuyas ventanas quedaron oscurecidas. La demanda sobre la eliminación de obstáculos en el uso de los bienes puede ser presentada también por otras personas, que tengan la posesión legal de la cosa.

La presentación de demandas sobre eliminación de violaciones del derecho de propiedad, no ligadas con la privación de la posesión, son muy raras. Las violaciones son eliminadas habitualmente por los órganos administrativos en el curso de su actividad cotidiana. Sin embargo, si estos no eliminan los obstáculos y las infracciones del derecho de propiedad, o si el infractor alega su derecho, el propietario se dirige al tribunal con la demanda pertinente.

Una de las formas de protección de la propiedad personal de los ciudadanos es la concesión a estos del derecho de presentar demanda para pedir el desembargo de sus bienes en aquellos casos, cuando, por resolución de un tribunal, para indemnizar pérdidas causadas, pagar deudas o satisfacer una demanda, presentada por otras razones, los bienes del deudor se embargan para su venta posterior. En estos casos ocurre a veces que junto con las cosas del propietario al que se le embargan los bienes, pueden hallarse cosas de otra persona. Esta última, en su condición de propietario de dichas cosas, tiene derecho de presentar demanda para que se las desembarguen o excluyan del embargo. El tribunal, después de comprobar el fundamento de tal demanda, dicta una resolución para excluir esos bienes del embargo. Si en el momento de ejecutar la resolución dichos bienes todavía no han sido vendidos, se devuelven a su propietario; pero si ya han sido vendidos, se le indemniza a este su valor. En esa forma la ley protege los derechos del propietario, cuyos bienes casualmente cayeron en el embargo de la propiedad de otra persona.

El ciudadano D., habiéndose domiciliado en un nuevo apartamento, no alcanzó a trasladar todos sus enseres. Temporalmente dejó su piano al cuidado de la persona que ocupó su antiguo apartamento. Se trataba de un individuo que hacía mucho tiempo no pagaba alimentos a sus hijos, y para cubrir la suma que debía le embargaron sus bienes. En el embargo cayó el piano ya citado. Pero el propietario tiene derecho de presentar demanda para que levanten el embargo del piano.

Naturalmente, tales demandas no pueden presentarse para eludir las disposiciones de la ley y ayudar a la persona que no cumple sus deberes, ocultando cosas que le pertenecen. El tribunal comprueba minuciosamente, en todos estos casos, las circunstancias concretas del asunto. Pero siempre, cuando queda demostrado el derecho de propiedad de otra persona sobre los bienes, las demandas sobre exclusión de bienes del embargo se satisfacen inmediatamente.

3. El derecho de las obligaciones protege la propiedad personal

Los modos del derecho de las obligaciones de proteger la propiedad personal de los ciudadanos se distinguen por su gran variedad. Pero en rigor, aquí se trata no solo de la protección de esta, sino también de la defensa de los derechos e intereses de cualesquiera propiedades.

Importa señalar que en la literatura jurídica no haya una solución unánime el problema sobre los modos del derecho de las obligaciones para proteger la propiedad. Muchos autores, basándose en una clasificación jurídica rigurosa de los distintos tipos de relaciones de propiedad, consideran que la protección de la propiedad personal se garantiza solo con los métodos «real-jurídicos», que el derecho de las obligaciones protege no el derecho de propiedad personal, sino otros derechos de propiedad.

Tal punto de vista no carece de fundamentos, si se parte de la clasificación exacta de los distintos tipos de derechos civiles de propiedad. Pero no se puede negar tampoco que, en una serie de casos, las exigencias de obligaciones están indisolublemente ligadas con la protección del derecho de propiedad personal y por eso, al examinar los modos de protección de este derecho, debemos indicar también las formas indirectas intermediadas que, en fin de cuentas, defienden el derecho de propiedad personal.

Cualquier norma enderezada a proteger los derechos de propiedad del ciudadano, en caso de necesidad, puede ser utilizada también para proteger los derechos de propiedad personal. Además, hablando del derecho de propiedad personal en un sentido amplio (véase el capítulo IV), incluyendo en él algunas pretensiones de propiedad y derechos de reclamación, no se puede dejar de tomar en cuenta también aquellas normas del derecho de las obligaciones que están estrechamente relacionadas con la protección de la propiedad personal.

Así, en el contrato de compra y venta una serie de normas está enderezada a garantizarle al propietario el ejercicio de su derecho. Son posibles los casos, cuando el derecho de propiedad pasa al comprador antes de la entrega de la cosa. Como regla, el derecho de propiedad del adquiridor surge desde el momento de la entrega, pero la ley o el contrato puede contemplar también otra cosa, es decir, que el derecho de propiedad puede pasar en el momento de celebrar el contrato, y que la cosa puede ser entregada más tarde. Si el contrato de enajenación de la cosa (por ejemplo, el contrato de venta de una casa) debe ser registrado, entonces el derecho de propiedad surge en el momento de efectuarse el registro. En todos estos casos es posible que la persona, que se hace propietaria, todavía no haya entrado en posesión de la cosa.

El Artículo 243 del Código civil de la RSFSR establece que si el vendedor, violando el contrato, no entrega al comprador la cosa vendida, este tiene derecho de exigir la entrega y una indemnización por las pérdidas causadas con la demora, o renunciar al contrato y exigir indemnización por la pérdida.

La ley da, pues, al comprador la posibilidad, en dependencia de sus intereses, de escoger o que le entreguen la cosa, indemnizándole las pérdidas causadas con la demora, o renunciar al contrato y exigir una indemnización por las pérdidas.

El ciudadano Z. celebró un contrato de compra y venta de una casa, que hizo registrar en debida forma. Sin embargo, el vendedor, con distintos pretextos, demoraba la entrega del inmueble, no lo desocupaba, ni lo reparaba, conforme a lo dispuesto en el contrato. El nuevo propietario, que ya había trasladado a la ciudad, donde estaba situada la vivienda, sus enseres, se vio obligado a pagar por guardarlos en un depósito y tuvo que alquilar un apartamento para él y su familia. Cansado de esperar que desocuparan la casa, el ciudadano Z. presentó una demanda para que se la entregaran.

Por sentencia del tribunal la casa fue desocupada, la reparación la hizo el comprador por cuenta del que la vendió, este último fue obligado a pagar también todos los gastos relacionados con el depósito de los muebles y el alquiler del apartamento hasta que el nuevo propietario recibiera la casa.

Aquí las normas del derecho de las obligaciones fueron utilizadas directamente para garantizar el ejercicio del derecho de propiedad personal.

Si el ciudadano Z. hubiese escogido durante este tiempo otra casa, conveniente para él, habría podido exigir la rescisión del contrato con la devolución de la suma pagada y la indemnización de todos los gastos, lo que le hubiera permitido comprar otra casa. Las normas del derecho de las obligaciones, en este último caso, indirectamente, pero de manera muy efectiva, habrían defendido los intereses de propiedad del comprador.

Si el derecho de propiedad pasa al comprador antes de la entrega de la cosa, el vendedor está obligado a conservarla en buen estado, no permitiendo su deterioro. Digamos, si un ciudadano ha comprado una lancha de motor, pero no la recibe mientras no construya un local para conservarla, junto con todos los implementos de pesca, el vendedor está obligado a conservarla en buen estado. Si tiene que hacer gastos para dicha conservación, corren por cuenta del propietario.

Regulando las relaciones de las obligaciones, ligadas con el ejercicio del derecho de propiedad, la ley protege en igual medida los intereses de propiedad de los partícipes tanto del propietario, como de su contratante. Por ejemplo, si el comprador, violando el contrato, se niega a recibir la cosa comprada o a pagar por ella el precio establecido, el vendedor tiene derecho de exigirle que reciba la cosa o que pague su precio, lo mismo que la indemnización de las pérdidas causadas por la demora. En este caso al vendedor se le concede derecho de escoger: puede presentar la reclamación arriba indicada, o, si considera más conveniente, renunciar al contrato y exigir la indemnización de las pérdidas.

En el número de los modos del derecho de las obligaciones para proteger la propiedad personal hay que incluir también las normas enderezadas a garantizar la calidad de las cosas vendidas. En la inmensa mayoría de los casos, los ciudadanos compran las cosas en las empresas estatales o cooperativas de comercio al por menor. Estas últimas responden por la calidad de los artículos que venden. Esta responsabilidad se establece no solo por las normas del derecho civil, sino también administrativo, y en casos especialmente graves, por las normas del derecho penal.

La ley establece una rigurosa responsabilidad por la infracción de las reglas del comercio, por la venta, en los almacenes estatales y cooperativos, de mercancías a precios más elevados que los establecidos, por las infracciones de la medida y el peso. Estas violaciones se castigan severamente, hasta con la responsabilidad penal.

Si la cosa vendida no posee la calidad necesaria, el comprador puede, según su parecer, exigir o el cambio de la cosa, si ella tiene rasgos genéricos, por otra de la calidad requerida, o la disminución correspondiente del precio de compra, o exigir la corrección gratuita de los defectos de la cosa, o la indemnización de los gastos que el comprador haga para su reparación; finalmente, el comprador puede exigir la anulación del contrato y la indemnización de las pérdidas que haya sufrido, si esto le conviene más a sus intereses.

Como vemos, incluso por una simple enumeración, estas normas del derecho de las obligaciones van enderezadas directamente a la protección del derecho de propiedad personal de los ciudadanos.

Los derechos de propiedad del propietario individual se defienden también en otras relaciones de obligaciones. Si un ciudadano encarga en un taller la ejecución de uno u otro trabajo, la ley protege celosamente los intereses del cliente.

Si el trabajo se ejecuta total o parcialmente con materiales del cliente, el contratista responde por el mal empleo de estos materiales. Está obligado a rendir cuenta al cliente del empleo de estos y a devolver los sobrantes. Si al ejecutar el trabajo con el material del cliente se ha hecho un cambio importante, que viola el contrato, o si se descubren defectos graves en la obra hecha, el cliente tiene derecho de exigir: o la hechura de una nueva obra con material de igual calidad y características, o la rescisión del contrato y la indemnización de las pérdidas.

Si el ciudadano tiene necesidad de enviar bienes de su propiedad por ferrocarril, vía fluvial, aérea, etc., el transportador responde por la pérdida, falta o deterioro de la carga o el equipaje. El transportador puede ser liberado de responsabilidad solo en ciertos casos establecidos por la ley, cuando no es culpable de la ocurrencia de tales perjuicios.

Hemos citado solo algunos ejemplos confirmadores del gran papel que juega la regulación jurídica de las obligaciones en defensa de los intereses del propietario individual, ligadas con el surgimiento y ejecución del derecho de propiedad personal.

Las normas del derecho de las obligaciones sobre indemnización del daño causado a los bienes del ciudadano tienen también importancia directa para proteger el derecho de propiedad personal.

Conforme a los Fundamentos de la legislación civil, el daño causado a los bienes del ciudadano debe indemnizarse íntegramente por parte de la persona que lo causa (Artículo 88 de los Fundamentos, Art. 444 del Código civil de la RSFSR y artículos correspondientes de los códigos civiles de las otras repúblicas federadas). Debe indemnizarse el daño causado por acciones ilícitas. Pero ocurren casos, cuando el daño se causa a los bienes lícitamente. Por ejemplo, durante un incendio, para prevenir la extensión del fuego es necesario demoler el edificio o parte de él. Aquí no surge obligación de indemnizar el daño causado. El propietario damnificado recibe la indemnización de otra manera, principalmente por medio de los seguros.

El causante del daño se libera de indemnizarlo si demuestra que no lo causó por culpa suya. Por ejemplo, un ciudadano apaga una colilla y la arroja al colector de basura. En el colector había pedazos de papel que, al contacto con las chispas de la colilla se inflamaron. Debido a esto se incendió la cerca que estaba junto al colector. La responsabilidad por el daño causado en tal forma no puede ser cargada al que arrojó la colilla al colector, por cuanto él no puede ser acusado ni de mala intención, ni de descuido, el incendio surgió debido a una coincidencia casual de circunstancias.

Existe una disposición especial con respecto al daño causado por personas y empresas, cuya actividad está ligada con un elevado peligro para los circundantes, por ejemplo, por el ferrocarril, el tranvía y la construcción. Las organizaciones y los ciudadanos, cuyas actividades están relacionadas con un alto peligro para los circundantes, tienen la obligación de indemnizar el daño, causado por la fuente de elevado peligro, si no demuestran que el daño surgió a consecuencia de fuerza irresistible o de intención del propio perjudicado (Art. 454 del Código civil de la RSFSR y artículos correspondientes de los códigos civiles de las otras repúblicas federadas). Así pues, los poseedores de la fuente de elevado peligro están obligados a indemnizar el daño incluso cuando surge casualmente. Digamos, la chispa de una caldera cae sobre el tejado de una casa vecina y provoca el incendio del edificio. En este caso la empresa-propietaria de la caldera está obligada a indemnizar el daño causado por el incendio.

La dilatada responsabilidad de las personas y las empresas, cuyas actividades están ligadas con un elevado peligro para los circundantes, tiene como fin el estímulo del cuidado máximo y de la vigilancia ininterrumpida por parte de aquéllas. En el ejercicio de tales actividades, ellas deben tomar todas las medidas —a nivel de la técnica de seguridad moderna— para reducir al mínimo las consecuencias perjudiciales para los circundantes. Si a pesar de esto se causa el daño, ellas cargan con la responsabilidad plena y están obligadas a indemnizarlo. Estas reglas tienen también como fin una más plena protección de los derechos de propiedad y de los intereses de los ciudadanos.

El poseedor de la fuente de elevado peligro se libera de responsabilidad si el daño surge a consecuencia de fuerza irresistible. Por fuerza irresistible se comprende el acontecimiento extraordinario e irreparable en las condiciones dadas, es decir, un acontecimiento tal, que no sea posible prever ni conjurar con ninguno de los métodos de la ciencia y de la técnica modernas que puedan ser utilizados en las condiciones concretas dadas. Por ejemplo, un koljós ha represado un río, observando todas las exigencias de seguridad, calculadas para las precipitaciones más abundantes. Sin embargo, como resultado de la inundación y ruptura de la represa del río, el nivel del agua se elevó tanto que fueron dañadas las casas más cercanas. Por cuanto la inundación es una fuerza irresistible, el koljós no puede cargar con la responsabilidad por el daño ocasionado por la inundación y el aumento del nivel del agua[1].

El daño causado debe indemnizarse íntegramente. Al sentenciar la indemnización del daño, el tribunal, en conformidad con las circunstancias del asunto, obliga a la persona, que responde por el daño, a indemnizarlo en especie (entregar una cosa del mismo género y calidad, reparar la cosa deteriorada, etc.) o indemnizar plenamente las perdidas causadas (Art. 457 del Código civil de la RSFSR y artículos correspondientes de los códigos civiles de las otras repúblicas federadas). La indemnización de las pérdidas significa obligación de indemnizar la pérdida o deterioro de la cosa, así como los ingresos que el propietario habría recibido si la cosa no hubiera sido destruida o deteriorada. De manera que la ley parte de la obligación de indemnizar a cabalidad el daño causado.

Hemos enumerado solo algunos modos, los más extendidos, de protección de la propiedad personal de los ciudadanos. Sin embargo, por esta breve exposición se puede apreciar de qué variados y flexibles métodos se vale el Estado socialista para garantizar la protección de la propiedad personal, cuán grande atención se concede a este problema. El Estado socialista toma todas las medidas para que los ciudadanos puedan libre y tranquilamente, sin obstáculos, usar y disponer de sus bienes para satisfacer sus variadas y crecientes necesidades materiales y culturales.

1 En este caso el Estado presta ayuda a los ciudadanos damnificados.

CAPÍTULO VII

SUCESIÓN DE LA PROPIEDAD PERSONAL

1. Conceptos básicos del derecho soviético de sucesión

El derecho de sucesión está ligado indisolublemente con el derecho de propiedad personal. En el Artículo 10 de la Constitución de la URSS, que establece la protección del derecho de propiedad personal de los ciudadanos, se consagra también el derecho de sucesión de la propiedad personal.

El paso, después de la muerte del ciudadano, de los objetos de consumo, acumulados por él como resultado de su trabajo en la economía socialista, a sus parientes, mantenidos, personas e instituciones a los cuales desea dejárselos, es el contenido del derecho de sucesión de la propiedad personal. Al ciudadano, que ha adquirido sus bienes con un trabajo honrado en la economía socialista, no puede serle indiferente por quién y cómo serán utilizados estos bienes después de su muerte. El puede estar interesado en que esos bienes queden para su familia, para uso de sus parientes y personas cercanas, pero puede desear también que sus bienes los usen solo algunos miembros de la familia, que de ellos no se beneficien aquellos familiares que no saben disponer de ellos en debida forma y para los cuales el recibo de una herencia puede tener mala influencia.

Así, un conocido científico limitó en su testamento la parte de uno de sus hijos a una suma relativamente insignificante, señalando que el joven estudiaba mal y no se preparaba para el trabajo en el futuro, que para él la herencia podía tener consecuencias negativas.

El ciudadano puede desear que sus bienes pasen a determinada organización estatal, cooperativa o social, que los utilice para un fin social útil.

Todo esto demuestra la gran importancia que tiene la ley sobre la sucesión para los ciudadanos soviéticos. La legislación soviética ofrece la posibilidad al ciudadano de disponer de sus bienes, en caso de muerte, como a él le parezca mejor. Al mismo tiempo, el Estado vela por los intereses de la familia y, particularmente, por los de aquellos de sus miembros que son menores de edad o incapacitados para trabajar. La ley sobre la sucesión da la posibilidad de compaginar los intereses de los ciudadanos, que disponen de su propiedad personal, con los intereses de la familia y de las personas materialmente ligadas con ellos.

Los Fundamentos de la legislación civil de la URSS y de las repúblicas federadas y los códigos civiles de estas regulan la sucesión de la propiedad personal. En los Fundamentos de la legislación civil están fijadas las disposiciones básicas generales únicas para toda la Unión Soviética. En ellas se determinan los reglamentos de la sucesión, el círculo de herederos por ley, que son herederos de primer orden, las reglas de reconocimiento en la sucesión y algunos principios generales de sucesión por ley y por testamento. En los códigos civiles de las repúblicas federadas está regulada en todos sus detalles la sucesión de la propiedad personal.

En la mayoría de las disposiciones básicas de principio, las normas de los códigos civiles de las repúblicas federadas coinciden. Sin embargo, en algunas cuestiones hay diferencias, ligadas a menudo con lo específico de las condiciones de la república federada de que se trate. Así, en la República Socialista Soviética de Uzbekia el círculo de herederos por ley es más amplio que en la mayoría de las otras repúblicas federadas. Esto se explica en cierta medida por los vínculos familiares más estrechos que mantienen en Uzbekia. Existen diferencias también en algunas otras cuestiones, sobre las cuales nos detendremos al esclarecer las partes correspondientes.

Las leyes soviéticas regulan todas las relaciones de la sucesión en la URSS, pero, no obstante, la sucesión se diferencia: *«por ley»* y *«por testamento»*. No es difícil comprender que el término «sucesión por ley» se usa en un sentido más reducido. El significa no todo paso de los bienes del finado a otra u otras personas, sino el paso de los bienes del finado a la persona o personas que *la misma ley* dispone.

El ciudadano soviético tiene derecho de disponer en vida de sus bienes en caso de muerte, por medio de un testamento. El paso de los bienes del finado a las personas indicadas en el testamento y en el orden por él establecido, se llama sucesión por testamento. Si el ciudadano en vida no dispuso de sus bienes en caso de muerte o no dispuso en la forma debida (infringió la forma establecida por la ley o las disposiciones establecidas por la ley sobre la sucesión por testamento), la ley misma determina a quién y en qué orden pasan los bienes después de su muerte. Tal paso de los bienes se llama «sucesión por ley».

El tipo de sucesión más extendido en la URSS es la sucesión por ley. Ella se realiza en los siguientes casos:

a) si el finado no dejó testamento;

b) si el finado dejó testamento, sin atenerse a la forma establecida por la ley;

c) si las condiciones del testamento, por su contenido, no corresponden a las exigencias de la ley;

d) si el heredero por testamento renuncia a la herencia.

De modo que, si el ciudadano no dispuso de sus bienes en caso de muerte, o si tal disposición, por unas u otras causas, no puede ser cumplida, la ley misma establece el orden de la sucesión.

Son posibles los casos en que el ciudadano disponga por testamento de una *parte* de sus bienes. Entonces dicha parte pasa a la sucesión por testamento, y el resto de los bienes pasa en forma de sucesión por ley. Por ejemplo, el pintor V. dejó un testamento, según el cual todos sus cuadros debían ser entregados a la galería de pintura local. El dispuso solo de una parte de sus bienes. En este caso, la sucesión se realizará por testamento y por ley: los cuadros pasarán a la galería de pintura, y los otros bienes pasarán a los herederos, previstos por la ley.

A veces ciertos herederos por testamento pueden resultar siéndolo también por ley. En este caso, ellos reciben, además de los bienes testados, la parte que les corresponda de los bienes que pasan con arreglo a la sucesión por ley.

El ciudadano N., que tenía una casa propia, se la testó a su hija. No dejó ninguna disposición sobre sus otros bienes. Además de la hija, eran herederos suyos dos hijos mayores de edad. La casa, en virtud de la sucesión por testamento, pasa a la hija, el resto de los bienes pasa a los herederos por ley. Por cuanto la hija es también heredera por ley, además de la casa, que recibió por testamento, debe recibir también una tercera parte de los otros bienes, que pasan como sucesión por ley.

Herederos pueden ser ciudadanos que se hallen vivos en el momento de la muerte del heredador. Además, la ley protege los derechos de las criaturas engendradas en vida de este y que nazcan después de su fallecimiento. En la sucesión por ley son herederos los hijos del heredador que nazcan después del fallecimiento de este; en la sucesión por testamento pueden ser herederos también otras personas, engendradas en vida del heredador y que nazcan después de la muerte de este.

Así, al morir el ciudadano A., dejó a la madre, a la esposa embarazada y a un niño de corta edad. Herederos por ley se consideran la madre, la esposa y el niño, así como también la criatura que deberá nacer después de la muerte del heredador.

Por testamento también se puede designar heredero a una criatura que aún no ha nacido pero que ya está engendrada. Por ejemplo, el ciudadano B., soltero, hallándose al borde de la muerte, deja un testamento en favor de su hermana, que se halla embarazada, y del niño que debe nacer. Si dicho ciudadano muere, antes de que la criatura nazca, esta última se considerará heredera.

Las leyes de las repúblicas federadas eliminan de la sucesión a las personas que con sus acciones ilícitas, dirigidas contra el heredador o cualquiera de los herederos, o contra la ejecución de la última voluntad del heredador, expresada en el testamento, contribuyan a incluirlas en la sucesión. Se trata de los llamados herederos indecorosos[1].

Por ley, no pueden heredar de los hijos los padres que hayan sido privados de sus derechos de tales. Tampoco pueden heredar de los hijos los padres, o los primeros, de estos últimos, si premeditadamente evitaron el cumplimiento de sus obligaciones de sostenimiento del heredador: si los padres se negaron a velar por sus hijos, si los hijos (mayores de edad) no le prestaron ayuda a sus padres.

Son raros los casos en los cuales hay que eliminar de la sucesión a herederos por las causas arriba indicadas. Las acciones dirigidas a recibir herencia a contrapelo de la ley y el incumplimiento premeditado de las obligaciones de los padres para con los hijos, y de los hijos (mayores de edad) para con los padres son fenómenos extraordinariamente singulares. Para eliminar de la sucesión a una persona, por las causas arriba indicadas, las circunstancias que lo motivan deben ser cuidadosamente comprobadas y confirmadas por vía judicial, tal como lo establece la ley (Artículo 531 del Código civil de la RSFSR y artículos correspondientes de los códigos civiles de las otras repúblicas federadas).

2. La sucesión por ley

Los Fundamentos de la legislación civil establecen el círculo de herederos de primer grado por ley. Entre estos se incluyen los hijos (incluso los adoptados), el cónyuge y los padres (adoptivos) del finado. En el número de los herederos de primer grado se incluye también el hijo del finado que nace después de la muerte de este. También prevén que por medio de la legislación de las repúblicas federadas pueden ser establecidos los grados subsiguientes de herederos por ley. Los herederos de los grados subsiguientes son incluidos en la sucesión por ley solo cuando no hay herederos de los grados precedentes o cuando estos últimos no aceptan la herencia.

Entre los herederos por ley, previstos por los Fundamentos de la legislación civil, se incluyen también las personas incapacitadas para trabajar, sostenidas por el finado por lo menos un año antes de su muerte. Estos Fundamentos no determinan el grado en el cual se incluye a estos herederos. Cuando hay otros herederos, ellos heredan a la par con los del grado que se incluye en la sucesión.

En la mayoría de los códigos civiles de las repúblicas federadas se establece el segundo grado de herederos, incluibles en la sucesión. Entre estos se

1 En el Código civil de Ucrania este reglamento está formulado en un sentido más estrecho. Aquí no se tolera la sucesión ni por ley, ni por testamento, de personas que hayan atentado contra la vida del testador o contra cualquiera de los herederos, o hayan asesinado a aquél o a cualquiera de estos (Art. 528 del Código civil de la RSS de Ucrania).

hallan los hermanos y hermanas del finado, sus abuelos tanto paternos como maternos[2].

Veamos las categorías de herederos de cada uno de los grados indicados.

En el número de herederos de primer grado entran los *hijos*. Entre estos figuran los hijos carnales del heredador. Los hijastros y las hijastras no son herederos, excepto cuando son adoptados por el heredador o en caso de ser incapaces para trabajar y de que por lo menos un año antes de la muerte de este los haya sostenido. Pero, en estas circunstancias, ellos heredan no como hijos del heredador, sino como sus mantenidos, incapacitados para trabajar.

Los adoptados se consideran como hijos del heredador. Sus derechos de herencia con respecto al adoptador y a los miembros de su familia corresponden plenamente con los derechos de los hijos carnales. Al mismo tiempo, la adopción hace cesar los vínculos familiares del adoptado con sus parientes carnales. Por eso los adoptados y su descendencia no heredan después de la muerte de sus padres y de otros parientes carnales. Exactamente lo mismo, los padres del adoptado y otros parientes carnales no heredan después de la muerte del adoptado.

En el número de herederos, que se incluyen en la sucesión, figura en primer orden el *cónyuge sobreviviente*. Los derechos de herencia de los esposos son absolutamente iguales. Por eso la ley habla no de marido y mujer, sino de esposos. Además, es necesario tener en cuenta la siguiente circunstancia. Si después de la muerte del heredador sobrevive el cónyuge, para determinar la herencia debe producirse previamente la división de los bienes comunes de los esposos (ver capítulo III). La parte del finado debe ser separada de la propiedad común de la familia. Esto no se refiere, naturalmente, a los casos cuando el cónyuge sobreviviente es heredero único y, por lo tanto, la separación de la parte no es necesaria.

En herencia puede pasar la propiedad personal del finado y su parte en la propiedad común. El cónyuge sobreviviente es heredero de estos bienes junto con los otros herederos de primer grado que se incluyen en la sucesión.

Después de la muerte del ciudadano A. quedaron su madre, esposa y un hijo. Antes de contraer matrimonio, él tenía un depósito en la caja de ahorros. Durante la vida matrimonial fueron comprados una casa de campo, el mobiliario y demás utensilios domésticos, un automóvil y otros objetos, haciéndose también un depósito en la caja de ahorros.

---

2 El Código civil de la República Socialista Soviética de Kazajia establece tres grados de herederos. En el segundo grado entran el abuelo y la abuela tanto por parte del padre como por parte de la madre. Así como también los hermanos y hermanas del finado incapacitados para trabajar. En el tercer grado entran los hermanos y hermanas del finado, capacitados para trabajar. De modo que, a diferencia de los códigos civiles de la mayoría de las otras repúblicas federadas, dicho código establece la posibilidad de que hereden por ley los hermanos y hermanas aptos para trabajar solo en el caso de ausencia de los abuelos y de los hermanos y hermanas incapacitados para trabajar (o por negarse estos a recibir la herencia).

En este caso hay que determinar los componentes de los bienes de la herencia. Aquí entran: el depósito bancario hecho antes de contraer matrimonio, así como la mitad de los bienes adquiridos durante la vida matrimonial. Estos pasan a la esposa, a la madre y al hijo. De manera que, además de la parte que le pertenece de los bienes comunes, la esposa tiene derecho a la parte correspondiente de los bienes de herencia, como heredera del marido.

En caso de divorcio, los esposos divorciados no se consideran en estado de relaciones matrimoniales y por eso no tienen ningún derecho de herencia sobre la propiedad que deje al morir alguno de ellos.

En el número de herederos de primer grado entran también los *padres* del finado. Esto se refiere en igual medida tanto al padre como a la madre. Los padres adoptivos del finado gozan de esos mismos derechos.

En los códigos civiles se estipula especialmente la inclusión, entre los herederos de primer grado, del hijo del finado que nace después de la muerte de este. Esto significa que al determinar el número de herederos y, por consiguiente, el tamaño de la parte de herencia debe tenerse en cuenta a la criatura que aún no ha nacido. Si, posteriormente, esta no nace viva, su parte pasa a los herederos restantes. Si nacen gemelos deben ser redistribuidas correspondientemente las partes de la herencia.

Los *hermanos* y *hermanas* del finado son herederos de segundo grado. La ley no establece diferencia entre los hermanos y hermanas de padre y madre (nacidos de un solo matrimonio, que tienen padre y madre comunes) y los medio-hermanos y las medio-hermanas (consanguíneos, que tienen un solo padre y distintas madres) o uterinos (que tienen una sola madre y distintos padres). Si se incluyen en la sucesión los hermanos y las hermanas heredan en igualdad de condiciones.

No heredan uno de otro los llamados hermanastros y hermanastras, entre los cuales no existen en realidad ningunos vínculos de sangre. Las relaciones entre los hermanastros y las hermanastras surgen de la siguiente manera. El viudo o divorciado, que tiene un hijo del primer matrimonio, se casa con una viuda o divorciada, que tiene también un hijo del primer matrimonio. Estos niños pueden vivir en una sola familia, pero entre ellos no existen relaciones de parentesco, pues tienen distintos padres y distintas madres. Por eso no pueden tener derecho basado en vínculos de parentesco para heredar uno del otro.

La situación sobre el heredamiento de hermanos y hermanas se puede ilustrar con un ejemplo.

El ciudadano O., que tenía del primer matrimonio dos hijas: Nina y Valentina, se casó con la ciudadana B., que tenía del primer matrimonio un hijo: Iván. En este segundo matrimonio, de los citados ciudadanos, nació un hijo: Vasili.

¿En qué orden pueden heredar todos estos hermanos y hermanas, uno de otro?

En caso de muerte de Nina, no habiendo herederos de primer grado, de ella pueden heredar su hermana de padre y madre Valentina y su hermano consanguíneo Vasili. Iván (hermanastro) no es heredero.

Si muere Iván, Vasili es heredero, por ser su hermano uterino. Nina y Valentina (hermanastras) no son herederas.

Al morir Vasili, no habiendo herederos de primer grado, heredarán de él Nina y Valentina, como hermanas consanguíneas, y su hermano Iván, como hermano uterino.

Una categoría singular de herederos por ley son *las personas incapacitadas para trabajar, mantenidas por el finado por lo menos un año antes de su muerte.*. En este caso no tiene importancia si el incapacitado tiene o no parentesco con el heredador. Tales mantenidos pueden ser: un hermano menor, un sobrino, una tía, una vieja ama de casa y, finalmente, una persona que en virtud de lazos de amistad es mantenida por el heredador. Es fundamental en este caso que la persona sea incapacitada para trabajar y que durante el último año haya sido mantenida por el heredador. No tiene importancia si el mantenido vivió o no en un mismo lugar con el finado. Si el heredador, durante el último año anterior a su muerte, sostuvo a su cargo a una tía incapacitada para trabajar, domiciliada en otra ciudad, girándole dinero regular y sistemáticamente, lo que constituía fuente principal de subsistencia, ella entra en el número de herederos por ley. Para esto es condición obligatoria la incapacidad para trabajar del mantenido y el hallarse su sostenimiento a cargo del heredador por lo menos un año antes de la muerte de este. No se considera como mantenida por el finado la persona que recibía ayuda material irregularmente, de vez en cuando.

Para esta categoría de herederos no se ha establecido un grado determinado para incluirlos en la sucesión. Cuando hay otros herederos aquellos se incluyen en la sucesión en el mismo orden que estos. Por ejemplo, después de la muerte del ciudadano S., quedaron su esposa, la madre, una tía anciana, mantenida por él, un hermano y una hermana. En este caso se incluyen en la sucesión los herederos de primer grado —la esposa y la madre. Junto con ellos se incluye la tía anciana, cuyo sostenimiento corría a cargo del finado. El hermano y la hermana no heredan. Aquí el incapacitado para trabajar, sostenido por el finado, es heredero de primer grado.

Después de la muerte del ciudadano B. quedaron la abuela, la hermana y un sobrino pequeño, mantenido por él. Por cuanto en este caso no hay herederos de primer grado, se incluyen en la sucesión los herederos de segundo grado: la abuela y la hermana. Junto con ellos se incluye al sobrino menor de edad, mantenido por el finado. En este caso el mantenido incapacitado para trabajar hereda junto con los herederos de segundo grado.

Tal situación del mantenido incapacitado para trabajar está llamada a garantizar el paso de determinada parte de la herencia a las personas que eran sostenidas por el finado y, al mismo tiempo, a proteger los intereses de los otros herederos. Gracias a esa disposición, el mantenido incapacitado para trabajar hereda en todos los casos y, al mismo tiempo, a nadie se priva de la herencia.

Actualmente, esta categoría de herederos se encuentra relativamente disminuida. Las personas incapacitadas para trabajar, de avanzada edad, por lo general están pensionadas. Y los menores de edad están sostenidos por sus padres. Sin embargo, en la vida son posibles todas las circunstancias.

La ciudadana A., después de la muerte de su hermana, se quedó viviendo en el seno de la familia de esta, abandonó su trabajo y pasó a la condición de mantenida por el cuñado, consagrándose al cuidado de los niños pequeños dejados por la finada y a los oficios domésticos. Cuando había llegado ya a la edad provecta murió su cuñado. En este caso ella es heredera por ley, en igualdad de derechos con los otros herederos.

Entre el número de herederos por ley se hallan, bajo ciertas condiciones, los nietos y biznietos del heredador. Ellos son reconocidos herederos por ley si en el momento de abrir la sucesión no vive ya aquel de sus progenitores que sería heredero. En este caso ellos heredan en partes iguales la parte que le correspondería por ley a su progenitor fallecido. Tal heredamiento se llama *sucesión por derecho de representación.* Los nietos y biznietos representan al heredero que por sí mismo no puede ya recibir la herencia, pero cuyos bienes deben pasar a sus hijos.

El ciudadano M. tenía dos hijas y dos hijos. Una de las hijas murió, dejando dos hijos. Uno de los hijos murió durante la guerra, habiendo dejado un niño.

Las partes de la herencia deben ser distribuidas entre ellos así: la hija, el hijo y el niño, que «representa» al otro hijo que viven, reciben una cuarta parte de la herencia cada uno, mientras que los dos hijos de la hija que murió reciben conjuntamente la otra cuarta parte, que corresponde a su madre, ya fallecida.

Ocurren, aunque muy raramente, casos en que antes de los padres mueren los hijos e incluso los nietos. En esas circunstancias, pueden ser herederos por derecho de representación los biznietos del heredador. Todos los biznietos juntos heredan la parte que por derecho de representación deberían recibir sus padres.

Según los códigos civiles de la mayoría de las repúblicas federadas, el heredamiento por derecho de representación es posible solo con respecto a los descendientes directos del heredador: nietos o biznietos[3].

[3] En el Código civil de la República Socialista Soviética de Uzbekia se prevé el heredamiento, por derecho de representación, de los sobrinos y sobrinas del heredador. Cuando alguno de los hermanos o de las hermanas del heredador muere antes de abrirse la sucesión, sus hijos heredan por iguales partes la parte que le correspondería por ley a su progenitor fallecido (Artículo 580 del Código civil de la RSS de Uzbekia).

Si el heredero llamado a heredar fallece después de abrir la sucesión, sin haber alcanzado a aceptarla en el plazo establecido, el derecho de aceptación de la parte que le corresponde pasa a sus herederos.

El ciudadano A. tenía dos hijas y un hijo llamados a heredarlo después de su muerte. Pero el hijo murió sin alcanzar a aceptar la herencia. En este caso el derecho a aceptar la herencia después de la muerte del hijo del ciudadano A., lo adquieren sus herederos. Aquí tal heredero era su esposa.

El paso del derecho a aceptar la herencia se llama *transmisión de herencia,* en la literatura y en la práctica jurídicas. La esposa del hijo del ciudadano A. no es heredera de este. Ella no podía heredar tampoco por derecho de representación. Tal derecho se otorga solo a los descendientes directos. En este caso sus pretensiones se basan en que a ella pasó el derecho de aceptación de la herencia. La transmisión de herencia se aplica tanto al heredar por ley, como al heredar por testamento.

Uno de los principios del derecho soviético de sucesión es la igualdad de las partes de los herederos por ley, incluidos en la sucesión. Así, por ejemplo, si muere un ciudadano, quedando la esposa, la madre, una tía, mantenida por él ya durante varios años, y dos pequeños hijos, y no deja testamento, cada una de estas personas recibe una quinta parte de sus bienes.

La ley soviética no conoce privilegios de ningún género para unos u otros grupos de herederos, incluidos en la sucesión en un mismo orden. Sin embargo, el principio de igualdad de las partes de herencia no significa que en todos los casos cada heredero reciba la misma parte que los demás. Esto se relaciona con las ya citadas posibilidades de heredamiento por derecho de representación y en el orden de transmisión hereditaria.

Después de la muerte del ciudadano V., sus herederos por ley eran la esposa, la madre, un hijo y una hija. Además, antes del fallecimiento del heredador, su segundo hijo murió durante la guerra, habiendo dejado a la esposa y tres hijos. Unos días después de la muerte del heredador, falleció su hija, sin haber alcanzado a recibir la herencia. Con esta vivía su suegra, sostenida por la finada desde hacía ya varios años, y un pequeño hijo.

¿Cómo serán las partes de herencia de cada uno de estos herederos?

El total de las partes iguales de la herencia debe ser cinco: la parte de la madre del heredador, la de su esposa, la de la hija, que murió poco después de haber fallecido el heredador, la parte del hijo y la parte del segundo hijo, que murió en el frente.

Sin embargo, las partes que recibirán cada uno de los herederos, en este caso, no son iguales. La madre, la esposa y el hijo recibe cada uno la quinta parte de los bienes. Los hijos del hijo, muerto en el frente, heredan por derecho de representación. Cada uno de ellos recibe una quinceava parte de los bienes (un tercio de una quinta parte), es decir, reciben partes iguales de la parte que le correspondería a su padre, si viviera. El niño y la suegra de la hija, que falleció después de la muerte del heredador, sin alcanzar a recibir la herencia, reciben cada uno una décima parte de los bienes heredados, es decir, reciben partes iguales de la parte que le correspondería recibir a la hija fallecida del ciudadano V.

El derecho soviético arranca del principio de igualdad de las partes de herencia. Las partes de algunos herederos pueden resultar de tamaño más pequeño solo cuando estos heredan por derecho de representación o en orden de transmisión hereditaria.

Si uno o unos cuantos herederos por ley renuncian a la herencia, sin indicar a favor de quién de los otros herederos, su parte aumenta la parte correspondiente a cada uno de los demás herederos.

Después de la muerte del ciudadano M. quedaron su esposa y cuatro hijos. Tres de ellos mayores de edad y aptos para trabajar, el otro era menor de edad. Los cinco eran pues herederos por ley, incluibles en la sucesión en primer orden. Cada uno de ellos debía recibir una quinta parte de los bienes heredados.

Sin embargo, los hijos mayores de edad y aptos para trabajar renunciaron a su parte de herencia, sin indicar a favor de quién.

En este caso, los otros herederos —la esposa y el hijo menor— reciben no una quinta parte de los bienes, cada uno, que les correspondería si los otros herederos no hubiesen renunciado a su parte de herencia, sino la mitad de los bienes heredados.

El aumento de la parte correspondiente a herederos por ley ocurre cuando el heredador priva de herencia por testamento a uno o a unos cuantos herederos, sin indicar a quién deben ser adjudicadas sus partes de herencia. Las partes de los herederos privados de sucesión se distribuyen, en este caso, por partes iguales entre los restantes herederos por ley.

La legislación soviética establece un orden especial de heredamiento de los objetos y enseres de uso doméstico y del mobiliario. Estos objetos pasan, por ley, a los herederos que viven con el heredador por lo menos el último año antes de producirse la muerte de este, independientemente del grado que les corresponda y de la parte que hereden.

El ciudadano S. tenía dos hijos mayores de edad, que vivían independientemente (cada uno de ellos tenía su familia), vivía solo con su hermana. Después de su muerte, los hijos heredaban sus bienes por partes iguales. La hermana, siendo heredero de segundo grado, no entraba en la sucesión. Pero los objetos domésticos y los muebles debían pasar a ella, porque había vivido con el hermano fallecido.

Esta disposición tiene en cuenta la protección de los intereses de los herederos que viven con el heredador. Está llamada también a impedir la desorganización del modo de vida de sus moradores.

3. La sucesión por testamento

La sucesión por ley es la forma más extendida de heredamiento en la URSS. Esto se explica por la gran sencillez que caracteriza la formalización de las relaciones de heredamiento por ley, y porque las normas jurídicas, que regulan la sucesión por ley, corresponden plenamente, en la inmensa mayoría de los casos, a la moral, conciencia de justicia e intereses personales de los ciudadanos.

Al mismo tiempo, el orden general establecido para la sucesión por ley no puede abarcar todos los casos particulares posibles, todas las complejas y mutuas relaciones de los hombres, todos sus intereses y deseos. Todo esto puede ser tenido en cuenta en un documento individual, que exprese la voluntad del heredador, es decir, en un testamento.

La ley protege en igual medida la sucesión por ley y la sucesión por testamento. El testamento representa la disposición de los bienes ejercida por la persona, en la forma establecida por la ley, en caso de muerte.

El testamento puede hacerse solo en conformidad con las exigencias de la ley. Si no corresponde a dichas exigencias, el testamento queda viciado de nulidad total o parcialmente (en aquella parte que no concuerde con las exigencias de la ley).

El ciudadano puede, por medio del testamento, disponer de su propiedad personal. La ley garantiza a los ciudadanos la libertad de disponer de sus bienes, compaginando la libertad de las disposiciones testamentarias con los intereses de los herederos menores de edad o incapaces para trabajar, estableciendo para ellos una parte obligatoria en la herencia.

Cada ciudadano puede dejar por testamento todos sus bienes o parte de ellos a una o a unas cuantas personas tanto pertenecientes como no pertenecientes al círculo de herederos por ley. El ciudadano puede también testar sus bienes al Estado o a alguna organización estatal, cooperativa o social. Así, el ciudadano puede dejar un testamento según el cual, después de su muerte, todos sus bienes deben pasar a la esposa, no obstante que, además de ella, él tiene hijos mayores de edad, padres aptos para trabajar, hermanos y hermanas. El ciudadano puede testar todos sus bienes a cualquiera de sus parientes lejanos, a pesar de que tenga herederos entre sus familiares cercanos. El puede guiarse aquí por distintas consideraciones.

Por ejemplo, el ciudadano M. vive en la ciudad, junto con su familia, en un buen apartamento. Además es propietario de una casa situada en una localidad rural, en la cual vive un pariente lejano suyo. Anteriormente la utilizaba como casa de descanso en el verano. Su familia prefería pasar vacaciones en otros lugares. En estas condiciones, el citado ciudadano puede testarle la casa al que vive en ella. Los miembros de su familia son aptos para trabajar, viven en buenas condiciones y no la necesitan.

El ciudadano puede privar de herencia en el testamento a uno o a unos cuantos, incluso a todos los herederos por ley. A veces esta determinación puede dictarse por consideraciones pedagógicas: por ejemplo, cuando el testador considera que la herencia puede ejercer una influencia negativa sobre sus hijos mayores de edad y aptos para trabajar.

Como vemos, la ley soviética concede a los ciudadanos amplia libertad para disponer de sus bienes en caso de muerte.

La única limitación que se permite en este problema es el establecimiento de una parte obligatoria de la herencia para los herederos menores de edad o incapacitados para trabajar. Dicha parte beneficia a los siguientes herederos: a) a los hijos del heredador, b) al cónyuge, c) a los padres y d) a los mantenidos. Independientemente del contenido del testamento, del número de los herederos enumerados, los menores de edad o las personas incapacitadas para trabajar heredan no menos de dos tercios de la parte que le correspondería a cada uno de ellos al heredar por ley. Esta parte se llama *parte obligatoria.*

El ciudadano S. tiene tres hijos: dos jóvenes mayores de edad y una niña de corta edad. Fuera de ellos no tiene más herederos. Él puede disponer de sus bienes como lo considere necesario, pero a la hija menor de edad debe garantizársele la parte obligatoria. Dicha parte, en este caso, se computará de la siguiente manera: habiendo tres herederos por ley, ella tendría derecho a una tercera parte de los bienes. (^{2}D $_{9}$ de todos los bienes) corresponden a ella, independientemente de cómo disponga el testador de todos sus bienes. Si el testador tiene solo un heredero por ley, que tiene derecho a una parte obligatoria, aquél puede testar un tercio de sus bienes.

Esta disposición, igual que otras del derecho de sucesión soviético, tiene el fin de proteger los intereses de los herederos menores de edad o incapacitados para trabajar.

Pero el heredero por testamento puede morir antes de abrirse la sucesión o de recibir la herencia. En este caso el testador tiene derecho a indicar en el testamento otro heredero. Entonces, si el heredero designado en el testamento muere antes de abrirse la sucesión, el derecho de recibir la herencia no pasa a sus herederos; heredero será aquel que sea señalado en el testamento: *heredero por designación.* Si el testador dispone solo de una parte de sus bienes, en ese caso, como ya dijimos, el resto de los bienes pasa a los herederos por ley.

Por testamento se puede encargar al heredero el cumplimiento de cualquier obligación en favor de una o de varias personas. El encargo de dicha obligación se llama *legado.* La persona en favor de la cual se hace el legado adquiere derecho de exigir su cumplimiento. Este derecho, igual que cualquier otro derecho civil, puede ser defendido por medio de demanda, en caso necesario.

Las personas en favor de las cuales se hace el legado pueden hallarse tanto entre los herederos por ley como fuera de su número.

El profesor N., que tenía esposa y dos hijos adultos, aptos para trabajar, dejó por testamento todos sus bienes a la esposa, encargándola de conservar la biblioteca, que formaba parte de la herencia, y de facilitar que la usara uno de sus hijos y un discípulo suyo, que no tenía con él ningún parentesco.

Esta disposición es obligatoria. Una vez recibida la herencia, la esposa está obligada a facilitar a las personas indicadas en el testamento el uso de la biblioteca. Si no cumple la obligación testamentaria, dichas personas pueden recurrir a un tribunal para defender sus intereses. En caso de que la esposa del profesor quiera vender la biblioteca o parte de ella, las personas en favor de las cuales fue hecho el legado pueden exigir que se cumplan las condiciones del testamento.

La ley prevé el tipo de legado más extendido: la obligación de los herederos, a los cuales pasa la casa de habitación, de concederle a otra persona de por vida el uso de la casa o de una parte de ella.

La ciudadana Z. dejó un testamento por el cual todos sus bienes, incluso la casa de habitación, pasan a su esposo, encargándole la obligación de concederle 2 piezas de la casa a su paciente para residencia permanente. Esta disposición es obligatoria para el marido, si él recibe la herencia. Si posteriormente quiere vender la casa, el derecho de uso de por vida de las dos piezas conserva su vigencia también bajo el nuevo propietario.

Además del legado, la ley prevé la posibilidad de encargar a los herederos por testamento el cumplimiento de acciones dirigidas a la realización de un fin social útil.

Por ejemplo, un científico, que ha reunido una valiosa colección, útil para una ciencia determinada, puede dejársela por testamento a su heredero, que trabaja en esa esfera científica, y, al mismo tiempo, encargarle la obligación de permitir el uso de tal colección a quienes se especialicen en dicha rama de la ciencia.

El testador que deje una colección de cuadros puede obligar a su heredero a brindar facilidades para que la vean los que se interesan por la pintura, etc.

La obligación de cumplir un legado es incondicional. Si el heredero la considera onerosa, puede renunciar a recibir la herencia. Pero si la recibe, debe cumplir todas las obligaciones que le encarga el testamento.

Por testamento se puede dejar los bienes al Estado, así como a organizaciones estatales, cooperativas y sociales. En la práctica, en el testamento se indica a menudo un fin determinado para el cual pueden ser utilizados los bienes. Por ejemplo, al testarle al Estado una casa, el testador puede estipular que su uso sea para una casa-cuna. Si le testa un depósito bancario, puede estipular que el dinero se invierta para adquirir regalos para los niños de una escuela-internado, etc. El cumplimiento de estas disposiciones también es obligatorio.

El testamento expresa la voluntad del ciudadano que en vida dispone de sus bienes en caso de muerte. La ley soviética arranca de que el testamento debe ser cumplido exactamente de acuerdo con la voluntad del heredador, excepto cuando sus cláusulas total o parcialmente, por su contenido, contradicen la ley.

Se puede dar el caso de que un testamento contradiga completamente la ley. Por ejemplo, si un ciudadano deja un testamento por el cual todos sus bienes deben pasar a su esposa, con la condición de que ella no contraiga segundas nupcias. Esta condición contradice la ley, porque va dirigida a limitar la capacidad jurídica de la esposa. Aquí el testamento se considera nulo, la esposa heredará por ley en igualdad de condiciones con los demás herederos.

Pero los casos de inclusión en el testamento de puntos y condiciones contrarios a la ley son un fenómeno muy raro. Al hacer el testamento en la notaría, el notario se niega a registrarlo si contiene puntos que contradigan la ley.

Otra cosa es cuando el testamento contiene algunos puntos que contradicen la ley. En este caso el testamento puede declararse nulo solo en la parte que no concuerda con la ley. Así se compagina la más amplia voluntad del testador con las exigencias de la ley.

Por ejemplo, un ciudadano testó sus bienes a la esposa y a una hermana, ambas aptas para trabajar. Sin embargo, al establecer el valor de los bienes resultó que, para el hijo del primer matrimonio, incapacitado para trabajar, quedaban menos de dos tercios de lo que le correspondería al heredar por ley. En este caso los bienes de herencia, que pasan a la esposa y a la hermana, disminuyen en igual medida, para que se conserve la parte obligatoria del heredero incapacitado para trabajar. En todo lo demás se cumple enteramente la voluntad del testador.

La posibilidad de reconocer válido parcialmente el testamento se ha establecido precisamente para compaginar el cumplimiento de la voluntad del testador con las exigencias de la ley.

La cuestión de la validez del testamento por su contenido, es decir, si puede ser cumplido total o parcialmente, se resuelve en dependencia de la situación que exista en el momento de abrirse la sucesión, o sea, en el momento que se produzca la muerte del testador.

Cuando la ciudadana M. hizo su testamento tenía su madre y una hija apta para trabajar. Todos sus bienes se los testó a la madre. Sin embargo, en el momento que se produjo la muerte de dicha ciudadana la situación había cambiado. Como resultado de un accidente automoviliario la hija quedó incapacitada para trabajar. En este caso se debía conservar para ella la parte obligatoria. La madre recibirá no todos los bienes, sino dos terceras partes; la otra tercera parte la recibirá la hija incapacitada para trabajar (por cuanto ahora eran dos herederas, la hija incapacitada para trabajar debía recibir la mitad. Como parte obligatoria, ella debe recibir dos tercios de la mitad).

Puede presentarse también otro caso. En el momento de hacer el testamento tenía herederos menores de edad. El testador deja todos sus bienes a la esposa, sin prever las partes de estos herederos menores de edad. En el momento de hacer el testamento este no se hubiera podido cumplir filenamente, porque hubiese sido necesario garantizar la parte obligatoria de os herederos menores de edad. Pero al abrirse la sucesión todos los herederos eran ya mayores de edad y aptos para trabajar, por eso se puede cumplir a cabalidad el deseo del testador.

Solo si el testamento no contiene puntos que contradigan directamente la ley, la cuestión de su validez, partiendo de su contenido, no se resuelve en el momento de hacerlo. Generalmente, al testador le advierten que, en el estado de cosas existente en el momento de hacer el testamento, ciertos puntos no pueden ser cumplidos (si el testamento contiene tales puntos).

El testamento contiene la voluntad del testador expresada por él en vida, pero el cumplimiento de esta voluntad se lleva a cabo después de su muerte. La ley crea todas las condiciones para que la voluntad del testador pueda ser cumplida con la exactitud máxima posible.

Ante todo, debe haber plena seguridad de que tal documento es en realidad el testamento del ciudadano, su última voluntad referente al destino de sus bienes. Es necesaria también la seguridad de que dicho documento sea expresión de la libre voluntad del testador, que no haya sido hecho por él en estado de irresponsabilidad, bajo la influencia de un error, de la coerción o de otras causas que hacen imposible la expresión libre de la voluntad; y (cosa que tiene mucha importancia) es necesario cerciorarse de que el testamento, por su contenido, no contradice la ley. Por eso al hacer el testamento el testador debe estar informado de cuáles disposiciones previamente pueden contradecir la ley.

Finalmente, el texto mismo del testamento, su lenguaje, en el cual está escrito, juega un papel muy grande en su cumplimiento. Es necesario que el testamento sea redactado lo más exacta y detalladamente, de modo que refleje la voluntad plena del heredador. Pues al acaecer su muerte nadie podrá explicar —durante la ejecución del testamento— qué quería decir en realidad el testador al usar una u otra expresión, a la cual se pueden dar distintas interpretaciones. Si el testamento contiene puntos que no concuerdan con otros, después de la muerte del testador nadie podrá aclarar a cuál de esos puntos hay que darle crédito y cuáles deben considerarse erróneos. Por eso el texto correcto y exacto del testamento tiene gran importancia para poder cumplir como se debe la voluntad del heredador.

Todas estas causas condicionan la necesidad de presentar exigencias especiales sobre la forma del testamento. Por eso la ley establece que el testamento debe ser hecho por escrito y certificado ante un notario. La forma escrita y la certificación notarial son condición necesaria para la validez del testamento. Si estas condiciones no son observadas, el testamento se considera nulo y no crea consecuencias jurídicas. En tal caso la sucesión se hace por ley.

Para ciertos casos especiales la ley establece una forma de testamento que se equipara a la notarial:

1. El testamento de los militares puede ser certificado por el comandante de la correspondiente unidad militar, en la cual se halla el testador.
2. El testamento de los ciudadanos que se hallan en navíos marítimos o fluviales, que navegan con bandera de la URSS, puede ser certificado durante el viaje por el capitán de la nave.
3. El testamento de los ciudadanos que se hallan en tratamiento médico en hospitales, sanatorios y otras instituciones de curación, así como también de los que se hallan en casas de inválidos, puede ser certificado por el médico superior (jefe), mayor o de turno de la institución dada.
4. El testamento de los ciudadanos que se hallan en labores de exploración geológicas, en expediciones árticas, etc., puede ser certificado por el jefe de la expedición.

Así pues, la ley concede a los ciudadanos, que se hallan en condiciones que los privan de la posibilidad de hacer el testamento ante un notario, la posibilidad de hacerlo en otra forma prevista en la legislación. Pero esto se refiere solo a los casos arriba enumerados, exactamente fijados por la ley. En todos los demás casos, la única forma de testamento es la forma escrita y certificada por un notario.

Tan rigurosa exigencia de observar la forma establecida por la ley se explica debido a la necesidad de garantizar las condiciones para que la voluntad del heredador pueda ser cumplida más exactamente y expresada por este libremente y conforme a la ley. La forma escrita y la necesidad de la certificación notarial incitan al testador a meditar seriamente sus determinaciones antes de hacer el testamento, a pensar bien su decisión, a no dejarse guiar por un sentimiento momentáneo. Si no existieran tan rigurosas normas para hacer los testamentos, ello podría contribuir a la toma de decisiones ligeras e irreflexivas por parte del testador, o de decisiones influidas por estados de ánimo momentáneos de irritación, ira, etc.

La obligatoriedad de la forma notarial del testamento (o de las formas de certificación, que la remplazan, arriba indicadas) da la posibilidad de convencerse *de* que la persona que presenta el testamento para su certificación es el testador. La hechura y certificación del testamento no pueden ser encargados a otra persona. La certificación del testamento se produce en presencia del testador. Para certificar el testamento se comprueba la capacidad de obrar del testador, es decir, se establece que es mayor de edad y no está limitado en su capacidad a consecuencia de enfermedad mental. El testamento lo firma con su propia mano el testador en presencia del notario (o de la persona a la cual se le otorga derecho para certificar testamentos en los casos establecidos por la ley). Si por causa de un defecto físico cualquiera, de enfermedad o por otros motivos, el heredador no puede firmar el testamento con su propia mano, a solicitud suya puede firmarlo otra persona pero obligatoriamente delante del notario o de otro funcionario autorizado para certificar el testamento. Aquí hay que señalar la causa por la cual el heredador no pudo firmar con su propia mano.

Al certificar el testamento este debe ser puesto de acuerdo con las exigencias de la ley. No puede ser certificado notarialmente un testamento que contenga disposiciones contrarias a la ley. Así, si un ciudadano quisiera dejar la casa a su hijo y la parcela aneja (sobre la cual se levanta la vivienda) a la hija, tal testamento no podría ser certificado, por cuanto la tierra es propiedad del Estado y no puede ser objeto de herencia. El derecho de usar la parcela pasa junto con el derecho de propiedad sobre la casa.

Si el notario se niega a certificar el testamento, alegando que contiene una disposición ilícita, está obligado a dar fe (por escrito) explicando las causas por las cuales niega la certificación. Las acciones del notario pueden ser impugnadas por el ciudadano en un tribunal del pueblo. El tribunal, una vez examinada la causa, puede confirmar las acciones del notario, o declararlas improcedentes y obligarlo a certificar el testamento.

Además de establecer que el testamento no contradice la ley, el notario examina minuciosamente el contenido del testamento, exige del testador la eliminación de todas las contradicciones, de las expresiones no claras y de doble sentido, de los errores lógicos y gramaticales que contenga. El notario no puede, digamos, certificar un testamento, según el cual la mitad de los bienes debe ser entregada a la esposa del testador, y a su madre dejarle dos terceras partes de los mismos. Tal testamento no podría ser cumplido, por su carácter contradictorio. Tampoco puede certificarse un testamento que contenga una disposición de este tenor: «La casa de mi propiedad la dejo a mi hijo. El piso superior de la casa lo dejo a mi hija». Aquí no está claro qué es lo que quiere el testador: si testa al hijo toda la casa ¿o solo su piso inferior? Sobre qué base debe recibir la hija el piso superior —como heredera por testamento, es decir, como propietaria de la casa ¿o en calidad de legado testamentario? Tales nebulosidades, que dan pie a diversas interpretaciones, deben ser eliminadas al certificar el testamento.

Sin embargo, no puede negarse la certificación de un testamento, alegando que el testador no previo la parte obligatoria de los herederos menores de edad o incapacitados para trabajar. El notario debe limitarse a prevenir sobre esto al heredador, pero no puede negarse a certificarlo, por cuanto en el momento de abrirse la sucesión los herederos menores de edad pueden ser ya adultos, y los incapacitados para trabajar (si no se trata de ancianos) pueden haber restablecido su capacidad de trabajo.

El notario y los colaboradores de la notaría están obligados a guardar el secreto referente a los actos notariales ejecutados por ellos. Por eso, ellos no tienen autorización para dar informaciones sobre la hechura y certificación de un testamento, ni sobre su contenido. Las informaciones acerca del testamento pueden ser dadas solo al propio testador, o por exigencia de la Procuraduría y de los órganos judiciales y de investigación.

El testamento firmado por el heredador y certificado notarialmente puede anularlo en cualquier momento el testador. Esto se hace por medio de la confección de un nuevo testamento, que remplaza el anterior. La hechura y la certificación notarial del nuevo testamento anulan por sí mismas el anterior, si el nuevo testamento cambia todas las disposiciones que este contenía. Sin embargo, puede suceder también que el nuevo testamento no se refiera a todas las disposiciones contenidas en el anterior, sino solo a algunas de ellas.

Así, el ciudadano B. dispuso en su testamento: «La casa de mi propiedad se la dejo a mi hijo Pedro; mi casa de campo y la biblioteca las testo a mi hija Eugenia; mi colección de cuadros la dejo a mi hija Elena».

Posteriormente, el testador cambió de opinión y en un nuevo testamento dispuso: «Mi casa de campo la dejo a mi hija Eugenia; mi biblioteca la dejo a mi hija Elena; mi colección de cuadros la testo al Museo de etnografía territorial urbano».

El nuevo testamento modificó las partes heredadas por las hijas Eugenia y Elena. Introdujo también un nuevo heredero: el Museo. En esta parte anuló el testamento anterior. Pero como no se dice nada, ni acerca del destino de la casa, ni de la parte de herencia del hijo, la parte del testamento anterior, en la cual se designa como heredero de la casa a Pedro, queda vigente.

El testador puede también anular el testamento anterior y no hacer un nuevo testamento. Para esto basta hacer una petición a la notaría sobre la anulación del testamento hecho. Si el heredador, habiendo anulado el testamento hecho, no confecciona uno nuevo, los bienes pasan a sus herederos en el orden de la sucesión por ley.

Con respecto a ciertos tipos de bienes existe un orden especial de disposición en caso de muerte del propietario. Así, los ciudadanos que tienen depósitos en una caja de ahorros o en el Banco de Estado de la URSS, tienen derecho a disponer la entrega del depósito, en caso de muerte, a cualquier persona o Estado. En estos casos, el depósito no entra en la composición de los bienes de herencia y sobre él no se extienden las normas de la ley sobre sucesión.

En la literatura jurídica y en la práctica soviéticas, tal disposición no se considera como testamento, sino como contrato en favor de una tercera persona.

Si el depositante no formalizó tal disposición en la caja de ahorros o en el banco sobre su depósito, en caso de muerte, el depósito pasa a los herederos, según las normas generales, como parte integrante de los bienes del finado.

El cumplimiento del testamento se encarga por lo común a los herederos designados en el mismo. Sin embargo, el testador puede encargar su cumplimiento a otra persona, aunque no sea heredera (testamentario o albacea). Esta persona debe ser indicada en el testamento, en nota especial, o en una declaración, adjunta al testamento, el testamentario debe manifestar su aceptación

El testamentario realiza todas las acciones necesarias para cumplir con el máximo de fidelidad la voluntad del testador. El no recibe ninguna recompensa por esta labor. Estas funciones se cumplen gratuitamente. Solo tiene derecho a que se le indemnicen, a costa de la sucesión, los gastos necesarios que haga para conservar los bienes de la herencia y para su administración.

Por ejemplo, si entre los bienes de la herencia figura una casa y debido a una súbita tempestad fue necesario repararla de urgencia, antes de que el testamento se cumpliera y los bienes pasaran a los herederos, el testamentario tiene derecho de exigir la indemnización de los gastos que tuvo que hacer para la reparación. Después de ejecutar el testamento, aquél está obligado a presentar las cuentas a los herederos, por exigencia de estos.

4. Orden de paso de los bienes por sucesión

Para que los bienes del finado pasen a sus herederos es necesario que estos manifiesten su asentimiento de recibir la herencia. Tal asentimiento, manifestado en la forma establecida por la ley, se llama *aceptación de la herencia.* Esta aceptación debe ser incondicional. No se permite aceptar la sucesión con condiciones o reservas de ningún género. Tampoco puede ser aceptada una parte de la herencia. Al aceptarla, el heredero manifiesta su asentimiento de recibir todo lo que le corresponde por ley o por testamento. La aceptación de la herencia puede realizarse o mediante la entrada de hecho en posesión de los bienes heredados, o por medio de la entrega de una declaración de aceptación a la notaría del lugar donde se abra la sucesión.

Para recibir la herencia se concede al heredero un plazo de seis meses, contados a partir del día que se abre la sucesión. Si durante este tiempo el heredero no entra en posesión de los bienes heredados o no entrega la declaración correspondiente aceptándolos, se considera que no acepta la herencia. La herencia aceptada se reconoce como propiedad del heredero desde el momento que se abre la sucesión.

Por ejemplo, el ciudadano I. falleció el 5 de enero. En ese momento su hijo, único heredero, se hallaba en comisión de servicio por largo tiempo. Regresó el 10 de junio y entró de hecho en posesión de los bienes heredados. Durante su ausencia, un vecino, que fue encargado de cuidar dichos bienes, pagó el impuesto de la casa, que formaba parte de la herencia, y la reparó para mantenerla en buen estado. Todos estos gastos debe indemnizárselos el heredero que se reconoce como propietario desde el momento que se abrió la sucesión, es decir, desde el 5 de enero.

El plazo de 6 meses, establecido por la ley, puede ser prolongado por el tribunal si considera que las causas de la omisión del plazo son justificables. Cuando los herederos son varios y están conformes de que uno de ellos acepte la herencia al expirar los 6 meses, tal prolongación puede hacerse sin recurrir al tribunal.

Si los herederos son varios y aceptan la herencia en tiempos distintos, el heredero que entra en posesión de los bienes heredados, antes que los otros, no tiene derecho de disponer de ellos sin haber expirado el plazo de 6 meses, contados a partir del día en que se abre la sucesión. No puede venderlos, ni empeñarlos, ni darlos en arriendo, etc. Pero tiene derecho a hacer gastos, a cuenta de ellos, para el sostenimiento de personas mantenidas por el heredador, para el cuidado y administración de los mismos, para pagar deudas de servicios al heredador durante su enfermedad y para sus funerales.

El heredero que en el curso del plazo establecido no entra en posesión de los bienes heredados y no entrega la declaración de aceptación de la herencia a la notaría del lugar en que se abre la sucesión, se considera como persona que no acepta la herencia.

La ley ofrece al heredero por ley o por testamento la posibilidad de, en el curso de 6 meses, renunciar a la herencia. La renuncia puede ser incondicional. En este caso acarrea consigo las mismas consecuencias de la no aceptación de la herencia. Pero la ley concede al heredero la posibilidad de renunciar a la herencia en favor de otras personas que figuren en el número de los herederos por ley o por testamento. Puede también renunciar a la herencia en favor del Estado, o de alguna organización estatal, cooperativa o social. En este caso sobrevienen las consecuencias que ya conocemos cuando se produce la renuncia a la herencia.

Expliquemos lo dicho con ejemplos. Después de la muerte del ciudadano G. quedaron dos hijos y dos hijas. Todos herederos mayores de edad y capacitados para trabajar. El hijo mayor, en el curso de 6 meses, no acepto la herencia. El hijo menor renunció a ella en favor de la hermana mayor. En este caso la parte del hijo mayor será distribuida por iguales partes entre ambas hijas, debido a lo cual sus partes aumentan aún más. La parte del hijo menor pasa íntegramente a la hermana mayor. Los tamaños de las partes heredadas por las hermanas serán así: la hermana mayor recibirá una cuarta parte de los bienes como parte heredada que le corresponde, un octavo de los mismos como mitad de la parte del hermano mayor, que no aceptó la herencia, y un cuarto de ellos, que es la parte del hermano menor que la renunció a su favor en total, ella recibirá 5/8 de los bienes; la hija menor recibirá 3/8 de estos: una cuarta parte, que es su herencia, y un octavo, que es la mitad de la parte del hermano que no aceptó la herencia.

La renuncia a la herencia se hace por medio de una declaración que se entrega a la notaría del lugar donde se abre la sucesión. Si no se entrega tal declaración ni se acepta la herencia, se considera que el heredero no acepta la herencia.

Como ya dijimos, el heredero puede renunciar a la herencia en favor del Estado o de cualquier organización estatal, cooperativa o social. En este caso, el Estado o la organización se coloca en el lugar del heredero renunciante.

En caso de no aceptación de la herencia o de renuncia a ella, existiendo otros herederos, la parte del que renuncia o no acepta la herencia se distribuye entre los otros herederos, de acuerdo con las reglas arriba citadas. Si la herencia no es aceptada por un heredero por ley o por testamento habiendo otros herederos por ley, su parte le corresponde a otros herederos por ley. Sin embargo, si el heredador testó todos sus bienes, la parte del heredero, que no acepta la herencia, pasa a los otros herederos por testamento y se distribuye entre ellos en partes iguales. Si no hay otros herederos (excepto los que no aceptaron la herencia), los bienes pasan al Estado.

Así pues, en la URSS existen las siguientes causas por las cuales los bienes por derecho de sucesión pasan al Estado:

1) testamento de los bienes del heredador al Estado,
2) cuando el heredador no tiene herederos por ley o por testamento,
3) cuando el heredador priva a todos sus herederos por ley de sucesión y no designa herederos por testamento,
4) cuando todos los herederos manifiestan su no aceptación de la herencia.

Si alguno de los herederos renuncia a la herencia en favor del Estado, a este pasa la parte de bienes heredados que le corresponde a dicho heredero.

En la práctica, es frecuente que se teste en favor del Estado un bien concreto determinado: una casa, una biblioteca, una colección, etc. Lo mismo ocurre también cuando se renuncia a la herencia en favor del Estado o de una organización estatal, cooperativa o social.

Si un ciudadano no tiene herederos por ley, y por testamento él dispuso solo de una parte de sus bienes, la parte restante pasa al Estado.

El ciudadano A. falleció y no dejó herederos por ley. Por testamento dejó su casa a una parienta. Pero no dejó ninguna disposición sobre sus otros bienes. En este caso, la parte de los bienes que quedó sin testar pasa al Estado.

El heredero que acepta la herencia responde por las deudas del heredador, en los límites del valor real de los bienes heredados que pasan a él. En esa misma forma responde también el Estado, al cual pasan bienes en calidad de herencia.

EL DERECHO DE PROPIEDAD PERSONAL EN LA URSS,
de RAISA JÁLFINA, se imprimió
en la República Argentina en junio de 2022

www.ingramcontent.com/pod-product-compliance
Lightning Source LLC
LaVergne TN
LVHW082239051026
849532LV00012B/4041
9789564072067